漢字の潮流

戸川芳郎 編

シリーズ国際交流 6

山川出版社

本書は、国際交流基金の機関誌『国際交流』（季刊）第78号（1998年1月1日発行）の特集「漢字という文明」を改題の上、書籍として再編集したものです。本文は、1998年の初出時の原稿のままを原則としております。

はじめに

「富国有徳《ふこくゆうとく》」を理念に、総理の政策諮問機関〝二十一世紀日本の構想〟懇談会が発表した報告のなかに、英語の第二公用語化があった。グローバリゼーションの進むなかで、それぞれの母語のもつ文化的背《しが》景《らみ》から離れたワールド《world》・イングリッシュ《Englishes》を多言語世界の共通語として通行させる、日本語社会にもそれを適用させせよう、と。

二〇〇〇年一月二十八日の国会での首相の施政方針には、それをじかに承《う》けて「二十一世紀を担う人々はすべて、文化と伝統の礎《いしずえ》である美しい日本語を身につけると同時に、国際共通語である英語で意思疎通ができ、インターネットを通じて国際社会の中に自在に入っていける」そういう人材育成の〝教育立国〟をめざそう、とあり、それも〝創造への挑戦〟として五つの挑戦のトップに掲げた。出されるべくして出た提案であり、教育の場はすでにこれに積極的な反応を示している。

さて、母語である当の日本語は、この多言語世界の共通語のまえに、いかなる特色をもつか。日本語の祖語と日本人の起源を重ねて論ずる人類学と言語学においては、まず自然人類学上の形態人類学と分子人類学の双方共通の日本人二重構造モデルが支配的である。形態的にはのちのアイヌに似た縄文人《じょうもんじん》が一万年以上前からこの「弧島《ことう》」（半島に対する弓なりの列島）の住民として独自の土器文化を形成し、二千数百年前に弧島西方の一角に弥生人《やよいじん》のもとになった人々が大陸から渡来して水田稲作文化をもたらし、前者では縄文人東南アジア起源を、後者のDNAや遺伝形質の研究からは、縄文人北東アジア起源を説く。考古学も縄文文化の見直し作業が進行中で、弧島北東の続縄文《ぞくじょうもん》・擦文《さつもん》文化や中世アイヌとその文化の追究によってアイヌ族の形成過程が究明されつつある。

そこに使用された弧島の言語とはなにか。縄文基語が後氷期《こうひょうき》の南方スンダランドから原アジア人の北上により南方系民族の言語系がこの弧島に持ち込まれたとし、弥生語も縄文語の一変種にすぎず、ただ政治的中枢を握った人たちの言語として文化的に優位に立ち、他の方言に圧倒的な影響力を及ぼした。関西方言こそその「弥生語の直流の資格をもつ」（小泉保『縄文語の発見』一九九八年）とする。ただ、これらの所論が現在の日本語〝漢字かな交《ま》じり〟方式に進化し展開していくのに有効な説明となるには、およそ充分とはいえず、とりわけ日本語の表現・表記に占める漢字・漢字語のもつ意義が把握しきれない憾《うら》みがある。

今その有効な説明を求めて、縄文弥生二重構造モデルならぬ、日本語二重複線言語論を見出した。ほかでもなく石川九楊《きゅうよう》氏の所説（『二重言語国家・日本』一九九九年）である。漢字の音訓表記「あめ―雨《う》」をもって、二重複線構造ととらえ、その史的展開をもってこの弧島における日本語成立期、と論定した。

これよりさき、日本語の漢字かな交じり文の表現・表記がいかに長所を備えているか、その表語性・表音性・表意性を全面的に統合した文字体系だとの結論を導いたのは、橋本萬太郎編著『世界の中の日本文字』（一九八〇年）であった。その書記法のぜいたくさを示す「訓読み漢字」を捉えて、音訓現象は、一単語ごとに——一音ごとにではなく——特別な記号を造成するに等しい。漢字「町／晴」を知れば、

まち↓「町」↓チョウ↓町人↓丁、庁、頂

はれ↓「晴」↓セイ↓晴天↓青、清、請

のように、語形上の関連なしに有機的に結びついた〝派生〟機能が活かされ、漢字「晴」をむすびめとし「はれ—セイ」の音訓対《ペア》、つまり訓読みによって表現される語根「はれ」と音読みが表現する語根「晴《セイ》」とのペアが、日本語合成語の形成の基幹をなす。かくて漢字語根にもとづく豊富な文化語彙《ごい》が造成され、よって教育水準も向上した、と。

石川氏は、弧島日本語の成立を十世紀末とし、それ以前の擬似《ぎじ》中国時代（六七〇年ごろ〜）、さかのぼって有文字の言語と文化をもった中国時代（弥生期）とする。その変遷をつうじて、日本語は語彙的にみて中国語漢語（hànyǔ）と弧島和語に構造分担させ、漢字語（音訓読み）の実辞「詞《し》」と和語のテニヲハ「辞《じ》」とで支える二重言語、周知のいわゆる「詞—辞」構造を築いた、と。

ちなみに漢字の発生した古代中国では、その外貌《がいぼう》（契金文《けいきんぶん》）の負う象徴記号的な宗教的性格（秘符《ひふ》）は、秦漢期までに散文的字画記号に転じ（篆隷書《てんれいしょ》）、思想・政治言語の文字へと脱皮し、音声主律型の音写文字《アルファベット》ではなく、書字中心言語の文字（漢字）による書記言語《エクリチュール》が優位に立った。この段階の漢字がわ

が弧島の弥生期に流入した、と。

そして石川氏は「音訓読み」について、宿命的な日本語文化として、かくいう。

> 和語「あめ」と漢語「雨《う》」の両者の間には亀裂はなく、深淵もない。だが、完全に陸つづきでもない。やはりそこには水のごとき、雲のごとき、霧や霞のごときものが「流れる」。日本語は分裂し傾斜した和語と漢語の二項の間を間断なく往復し、それをかいくぐって発語するしかない…。（一六七頁）

と。ただし同じ「音訓よみ」文化論にも、長谷川三千子氏（『からごころ』一九八六年）は、訓読の対照とした漢字は生きた中国語の組織の一部としてでなく「その視覚形態から直接に一定の意味伝達すべき、単なる情報単位と」して扱われ、その漢字の羅列（漢文）は自然言語（日本語）にならないため、一定のプログラムにしたがって配列し結びなおす必要があった。このプログラム言語が、いわゆる訓法（乎古止《をこと》点《てん》・返り点など）である。そしてこの訓法の成立により、「我々の祖先は、漢文の内から〝異言語の支配〟といふ危険な要素を取り除くことに成功した」とあり、漢字をその音義から「訓よみ」による音はずしと視覚言語化に脱胎《だったい》したことを意味する。

いずれも漢字の弧島導入にともなう異文化接触の対応を論じていて、それなりの興味を引くが、「音訓よみ」漢字とかなとの関係を、言語それ自体として究明するには、いまひとつ物足りない。

やむなく養老孟司《たけし》氏の日本語論（『考えるヒト』一九九六年）を借りることとする。日本語の視覚言語性

――「読み」の重視――、漢字の「音訓よみ」の特異性が強調される。

文字を見て理解する大脳中枢「角回《かくかい》」が侵されて失読症にかかる場合、日本語を読み書きするヒトは「かな」のみ失読が起こり、「漢字」を失読する部位が他の中枢に存することがわかる。日本語は「読み」のために脳の二ヵ所を用いる。

一般にヒトが視聴覚というたがいに異質の「五感」を結合して創り出した、つまり音声と文字を表出して、共通する〝分節的な〟情報処理規則によりコミュニケーションを可能にした。とくに「漢字」は具象的記号から抽象的な記号に「進化」させた、と。

「意識」による表現の典型が言語であり、その言語の一つ日本語の特異性について、はしなくもこの「音訓よみ」と漢字かな交じり方式が指摘され、そこに営まれる言語生活とその日常文化について、もし是正すべき情況があるならば、これらの「現象に対する原因療法を発見できるはずである」と告げている。

ここにいたって、ながく悩まされつづけてきたこの国の国語政策、とりわけ漢字「音訓読み」の取り扱いについての、積極的推進の意義が見通せるようになった、と考えられる。

はじめに掲げた英語の第二公用語化に当たっても、日本語じたいの表現・表記の漢字かな交じり方式の存続と発展をめぐって、現時の広汎な学術研究――神経生理学、心理学、言語学から深刻な日本語文化論にまでおよぶ諸論究をまじめに活用して、新たな日本語の構築と展開をはからねばならない時が来ていることを痛感する。

戸川芳郎

目次

漢字の潮流

I

日本文化と漢字

漢字とは何か

――文字の再認識にまつわる雑感

戸川芳郎

漢字を使用する地域の文化をまとめて、「漢字文化」とか「漢字文化圏」と呼ばれて久しい。キリスト教文化やイスラム教文化と対応する儒教文化、ないしは儒教文化圏のようにまとめるよりは、漢字という視覚映像のバロメーターで特徴づける文化のほうが、いかほどか事の本質に近づきやすいからだろうか。

この際、文化とは、人間が自然に手を加えて形成してきた物心両面の成果(culture)、つまり〃世の中が開けて生活水準が高まった状態〃と『広辞苑』にいう、その意味にとっておこう。

では、端的にいって、電気・ガス・水道のように日常生活の文化そのものと、漢字の文化とはどのように違うのであろう。光熱水用の諸設備において、その機能性を追求して効率のよい多様な器具が開発され、次々と変種を遂げてきたように、漢字もまたその情報伝達の方法手段の変遷にともなって、その形態を変化させてきたのである。

ただし、光熱水用の旧機種は、工芸資料館に移されるかそのまま廃棄されるが、同じ文化資材ながら漢字で表記されたものは、情報そのものを内蔵（記録）されているため、一回限りの伝達では消えないで、その視覚映像の残るかぎりは、繰り返しその情報を時と処《ところ》を隔てる他者へ伝えることができた。それは漢字が、情報伝達の視覚記号である文字の一種だからである。

漢字の属性とその役割について

さて文字とは、あることばの発する音声の流れに並行して並べられ、そのことばの一区切りごとに当てられる、一定の平面図形の一組《セット》である、と説明され、ことばのもつ情報伝達の機能のうち、視覚映像化の役割を負っているものである。

そこで今、漢字は、ことばの一区切りに当てられる特徴をとらえて、表語文字に属するとされるが、ほかでもなくそのことばとは漢語（hànyǔ, Chinese language）をさし、したがって漢字は漢語（中国語）の文字表記として発達してきた。そして〝漢字〟文字には固有の、視覚映像の字「形《けい》」にたいして、それに当たる漢語（中国語）の読み——字「音《おん》」とそれが表現する語義——字「義《ぎ》」が備わっている。つまり漢語（Chinese language）の「音《よみ》・義《いみ》」を「形《もじ》」に視覚的に表象しているわけである。これはあくまで、漢語（中国語）を表記する漢字（hànzì）のもつ三属性——形・音・義の事柄であることに、注意すべきである。

そして漢字の研究は、文字・音韻《おんいん》・訓詁《くんこ》の各分野に成長し、近代学術のもとでは音韻史・語彙《ごい》史・語法史の言語科学に分化する一方、文字学は目録、輯佚《しゅういつ》、校勘《こうかん》の基礎をなす文献研究の一大領域を占めるにいたった。漢字の配置を追究する辞章・文体論や修辞学もまた、中国文学研究の重要な部門を占めている。

日本語表記に入り込んだ漢字

視覚表象としての漢字そのものは、しかしながら、漢語を使用する漢民族の文化にのみ通行したのではない。その文化の高さから、漢族文化に接した周辺諸語族の文化にたいして、この表記〝漢字〟は効果的に伝播し、その異なる語族のことばそのものに浸透して無文字のことばの表記工具に応用されもしてきた。このことは今さら説明するにおよばない歴史的事実である。

ここでは、日本文化の一現象として、日本語の文字表記が〝漢字仮名交じり〟方式を基本に据えていること、そして社会生活を営むわれわれの情報伝達の表記方法のなかで占める〝漢字〟の役割がいかなるものか、について考えてみたい。

この〝漢字仮名交じり〟方式の文字表記をとる日本語（Japanese language）のなかの漢字《かんじ》こそ、ここで述べる文化の伝播の一象徴であり、長期かつ濃密な文化接触——受容と変容と交流とをつぶさに反映していることにおいて、いわゆる漢字文化圏の一翼を担う典型的な事柄である。

結論を急ぐわけではないが、この漢字文化のなかで営まれる、現在のわれわれの日常生活にみられるこの文化資材としての漢字は、素直に見つめなおすとき、中国語表記としての〝漢字 hànzì〟に備わる「形・音・義」と、日本語表記の漢字《かんじ》のそれとは、おのずから区別して独立に論ずべきであって、同列に比較し評定すべきものではない。

漢字の変質――日本語の要素として

日本語における漢字は、その摂取と受容において、漢字文化圏の他の諸語族における言語と漢字との結びつきとはすこぶる異なって、複雑な用字の様相を呈していることが指摘できる。

漢字の「音・義」に対応する倭訓《わくん》（訓読《くんよ》み）が字「形」ごとに定着し、漢語文章（Chinese classics）＝漢文《かんぶん》の読解のために、日本語の語順に沿った訓読が発達したこと。そればかりか日本語の表記に、この漢字《かんじ》訓読み＝字「訓」をつけて漢字を使用する（のちに仮名で分かち書きをするようになるが）、漢字「音《おん》・訓《くん》」混用の形式が定着したこと。つまり日本語表記としての漢字は、字「形」に漢語（中国語）の「音・義」と日本語の「訓」の双方を担わせる用字法をとったのである。

読み
- 音《おん》読み（字音）　字「形」の中国語に由来する読み方。（古音・呉《ご》音・漢音・唐宋音など）
- 訓《くん》読み（字訓）　字「形」の単字としてもつ字「義」に日本語（文語）訳の語形によって固定的に対応させた読み方。

かくして漢字は、読解と表記の両面で、字音・字訓ともども十数世紀にわたって通時的に変遷をたどるが、原来の漢字「形・音・義」三要素と日本語の漢字語「音訓」との関係をつかむことが、日本語表記のうえの漢字を理解する関鍵《かんけん》となるのである。

したがって、漢字仮名交じり文を日本語表記法とするとき、常に振り仮名・送り仮名を合わせた「漢字音訓表」の適否が問題とされる。「音訓」整理には、漢字がその重要な造語要素としてはたしてきた語構成の役割からみて、たんに字「形」「音・訓」の調整処置では片づかない、日本語の語彙の存廃にも影響するところが大きい。

漢字を媒介として日本語の語形まで変化する例もとぼしくない。「尾籠《をこ》→ビロウ」「目途《めど》→モクト」「為替《かわせ》→外為法《がいタメ》」など、当て字や重箱読《じゅうばこ》み等々、中国語表記のみの漢字ではカバーしきれない諸要素のあることを、わきまえなければならない。そこで、日本語表記上の漢字を漢字語と呼んで、漢字（hànzì）と区別しよう。

日本語における漢字の特異な機能──音訓一体となった「文字」

そもそも、日本語において漢字《かんじ》で表記される語彙は、ことばとしていかなる機能をはたしているのか。この漢字語について、核心を衝《つ》く所論を提唱しつづけてきた森岡健二説(1)をここで紹介したいと思う。つまり文字——漢字もまた、音節・音素・アクセントと並んで言語記号としての日本語の構成要素の一つと認め、聴覚映像に視覚映像を加える説である。

そして、日本人は、漢字の「音《おん》」・「訓《くん》」は同一語の異形態（allomorph）と考えることによって、漢字を一字一語とし、文字と語を同一視する意識が強い。日本語の表記としての漢字《かんじ》は、音素とともにことばの形態としての性格をもち、強い表意機能を有していると考えるのである。

「こめ—ベイ」「かみ—シ」「いろ—シキ」「き—モク」など音声面の不対応にもかかわらず、表記される漢字（米・紙・色・木）によって同一語意識が成立する。日本語において意味を識別するには、音声よりも文字（漢字）が決め手になるのである。

また、森岡説によると、日本語の漢字語——外国語の音訳を除いた字音語——の構成要素は、音・訓のうちの音読みの漢字である。漢語（中国語）では基本的に単音節語であり、一音節一漢字で表記したため、漢字（hànzì）は最小の言語形式、つまり形態素として扱われている。

この説に依拠すると、日本語は、漢語の形態素の表記である漢字を受容した結果、①日本語の明確な形態素として定着したもの、②あいまいなままで入っているもの、③ついに日本語にならなかったもの、というように分かれる。

現代日本語の音《おん》読みの漢字を、形態素としての定着度という観点からみるとき、次の四類に分類される。

（一）音・訓双方とも流通する漢字（空・中・日・月・夜など）は、訓読みすれば、「そら・なか・ひ……」と

和語になるが、音読みすれば「空《くう》・中《ちゅう》・日夜《にちや》・月下《げっか》……」のように漢字の構成要素となる。この種の漢字は、音から訓へ、訓から音へと自由に切り替わることができ、その点、訓《くん》（和語）と密着することによって音読漢字は日本語の形態素として十分に機能している。この種の漢字は数も多く、日本語表記のなかでの漢字の基本層を占めている。

（二）字音専用の自立形式の漢字（液・役・栓・税・脳・碁など）は、普通には訓読みせず、音《おん》読みしてそのまま単独で語として用いることができるものである。訓読みしないため、和語と結びつかないが、物の名前に多く、ペン・ナイフなどの外来語と同様、概念が明確で日本語の形態素として定着しているものが多い。ただし日本語表記における漢字は多く熟語の要素となり、この種の単独で自立するものは、全体としては少ない。

（三）字音専用の派生語を作る漢字「（a）達《たっ》する・察《さっ》する・属《ぞく》する・期《き》する・感《かん》じる・信《しん》じる・封《ふう》じる（b）凛《りん》と・漠《ばく》として（c）お嬢《じょう》さん」は、訓読みもしないし、また自立して語になることもないが、接辞や接辞に準ずるものを付して語が形成される。漢字だけの意味をとりだしにくいが、形成された派生語の意味が明確なので、日本語の形態素としてあいまいなところが少ない、といっていいかと思われる。

（四）字音専用で漢語の要素としてのみ用いる漢字（郵・般・磁・啓・妥など）は、辞書を見ない限り個々の字の意味を明確に押さえにくく、郵（―便・―送）、般（全―・先―）、磁（―石・―気）、啓（拝―・―蒙）、妥（―当・―結）などの熟語をとおして、その意味を類推するほかはない。その点、この類の漢字は意味があいまいで、日本語の形態素として機能しているとしても、（一）（二）（三）類の漢字に比べるとその機能が十分でないといわなければならない。そして、この類の漢字のうち、右のようないくつかの熟語の構成要素になっているものは、まだしも意味の類推ができるからいいが、「挨《あい》・拶《さつ》、贔《ひい》・屓《き》、僥《ぎょう》・倖《こう》、彷《ほう》・彿《ふつ》、膀《ぼう》・胱《こう》」などの特定の語にしか用いない漢字になると、意味を類推する手がかりがなく、これらはすでに日本語の形態素としての資格がないものと認められる。国語施策上、漢字《かんじ》が問題にされるのは、この第（四）類の漢字群であって、それが日本語の話し手の負担になるからであろう。

　また、音読みの漢字は、（二）類のように自立語を、（三）類のように派生した語を形成することもあるが、全体としては他と複合して熟語を形成するのが普通である。和語形態素に比して、一字の漢字形態素は自立性にとぼしく、語構成にはたす機能が和語と異なる。全体的に、漢字形態素は二字の複合したものが、強い造語力を保ち、この造語作用によって日本語の話し手も容易に新漢字語を作成できる。ただし、中国語本来の語構成からはずれることは否めない。

中国語における漢語構成—比較のために

　別表（次ページ）は、筆者が現在ある企画にそって編集中の、古漢語についての語彙集（熟語集成）で、それぞれの熟語についてその語構成に従った分類を行ったものである。ここでその、漢語（hànyǔ、中国語）の語構成という点について触れておきたい。

中国語の〈構詞法〉分類

(ただし、漢字については日本で一般的に用いられているものを代用した)

(一) 並列型

①対等：AB同義の字が対等の資格で並ぶもの

身體・生活・平和――異なる字が同義をかなめとして結合している。③とは異なりABの順序を入れ替えても意味は変わらない。

処処・年年・家家――⑯と異なり名詞が並んで「毎」の意味が生ずる。

②対立：反義の字が並ぶもの

是非・存否・大小――「AかBか」疑問に使われるもの。あるいは「おおきさ」(「大小」の例)という抽象名詞になるもの。

父母・売買・出納――「AもBも」「AやB」の意味。

緩急・異同・人物――それぞれ「急」「異」「人」の意味。AかBのどちらか一方のみ活かすので〈偏義複詞〉という。

③連動：Aをして後Bをする　またはBをするためにAをする

出生・来臨・迎撃――前の動詞が「往・来・出・入」などの方向性のあるもの。

割譲・査収・進駐――事務・行政・商売などにかかわるもの。

(二) 主述型

④叙述：「AがBする」の型

地震・日没(主語がシテ)・日食(主語がウケテ)

⑤描写：「AはBだ」の型

性急・年少・数奇

(三) 修飾型

⑥定名：名詞・形容詞・動詞・数詞・量詞などが〈定語〉(連体詞)として後接の名詞を修飾する

牛刀・羊肉・布衣――[名―名]

美人・尊顔・朱門――[形―名]

怒髪・流水・学生――[動―名]

四海・五経・両端――[数―名]

寸暇・万物・尺土――[量―名]

車輛・人口・画幅――BはAを数える量詞であるが、後置されて全体としてAの総称になる。

事件・人質・書巻――前の例と同じ構造であるが、総称とは限らない(1)。

[名―名]の場合は、前接の名詞が以下に示すような意味関係を持って後接する名詞を修飾する。(萬惠洲による)

1 材料―鉄路・鋼板　2 動力―電燈・氣銃

3 用途―火柴・雨衣　4 領属―月光・果肉
5 方式―手旗・腰鼓　6 来源―血跡・豆油
7 類別―松樹・経書　8 性別―男聲・公鶏
9 比擬―金魚・龍燈　10 地区―京劇・汾酒
11 方位―北京・内科　12 時間―春色・日班
13 性質―液体・海軍　14 形状―鈎蟲・線材

⑦状述：副詞などが〈状語〉（連用詞）として後接の動詞・形容詞・名詞の述語を修飾する
頻発・周游・将来―――〔副―動〕
毒殺・林立・兄事―――〔名―動〕
「毒」は道具、「林」は比喩、「兄」は態度を表す修飾語。
最少・至急・尚早―――〔副―形〕
不安・莫大・非凡―――〔副―形〕（否定副詞）
非礼・不孝・非道―――〔副―名〕（否定副詞）

⑧助動：助動詞が後接の動詞を修飾する型
当為・可憐・肯定―――〔助動―動〕

(四) 動賓《ひん》型

⑨支配：「BをAする」「BにAする」「Bのようだ」の型
読書・即位・如実

⑩存現：存在・出現・消失・自然現象などをいう場合、意味上の主語が賓語（目的語）の位置にくる。
有力・有名・無実―――有無をいう。
立春・開花・断弦―――自然現象や出現・消失をいう。

(五) 述補型

⑪結果：前接する動詞の結果として後接の動詞がはたらいたり、後接の形容詞のような状態になる
餓死・撃破・震動―――〔動―動〕
保全・縮小・矯正―――〔動―形〕

⑫方向：前接の動詞の動作が行われる方向を示す
除去・進入・奪回

⑬程度：前接の形容詞の程度を補う
幸甚・忙殺・痛快

(六) 接辞型

⑭接頭：接頭語のような「亜流」の「亜」は、意味が独立しているので、ここには含めない
阿父・所見・所謂

⑮接尾：接尾語がついてAの意味の状態を示す
偶然・突如・莞爾
嚢者・向者・陳者

(七) 連綿《れんめん》型

⑯畳音：二字が並ぶ擬声／擬態語
洋洋・区区・関関

⑰双声：AB双方の声母（語頭音）が共通するもの
恍惚・彷彿・流麗

⑱畳韻：AB両方の韻母（語中語末音）が共通するもの
混沌・朦朧・散漫
⑲双声かつ畳韻：AB両方の声母も韻母も共通するもの
輾轉・燕婉・緜蠻――『詩経』の連綿字(2)
⑳音譯：外来語を漢字表記したもの
葡萄・刹那・鴉片
（八）成語型
㉑矛盾・蛇足・推敲

(1) 陸志韋は「量詞は〈構詞法〉中では抽象名詞として使われる」とし「量―名」「名―量」ともに実際は「名―名」の修飾型とする。
任学良『漢語造詞法』は「附加式」の「加量詞」に分類する。
藤堂明保『中国文法の研究』は「修飾する構造」に分類する。
萬惠洲『漢英構詞法比較』は、この種の構造を取り扱わない。

(2) 周法高『中国古代語法：構詞編』、向熹「『詩経』里的複音詞」、一九八九年。

漢語文言文（古漢語からなるいわゆる〝漢文《かんぶん》〟）を読解する要諦《ようてい》は、この漢語語彙の語構成〈構詞法〉をつかむことである。語彙が一つの音節からなることの多い単音節語である漢語は、古来、そのことばの一音節に一漢字を当ててきた。一字「形」が一「音」節、一語「義」を表すこと、つまり音読《おんよみ》される漢字は、最小の言語形式、森岡氏のいう形態素にほかならない。

そこで、形態素である漢字が二つ以上まとまった場合、その構成要素である漢字どうしのあいだに、ある一定の結合の原則を生じる。その結合の原則を一般に語構成と呼んでいる。漢語の文法としては、文の構成規則を〈構文法〉というのに合わせて、語構成の規則を〈構詞法〉と呼ぶことがある。

漢語の特質の一つとして、〈構文法〉と〈構詞法〉の基本的な原則が共通する、ということがある。例えば〝大地が震動する〟という「主語と述語」の〈構文法〉が、そのまま「地震」という語の〈構詞法〉になっているという具合である。

和語の語構成との対比、造語力とその性格との対比のために、別表を参考に供したい。漢字どうしの結合のしかたとして、例えば「切手《きって》・思惑《おもわく》・殿方《とのがた》・頭取《とうどり》・油断《ゆだん》」は和語の漢字表記であるが、「券《ケン》売《バイ》・出向《シュッコウ》・陸橋《リッキョウ》・風防《フウボウ》・少子化《ショウシカ》」のような例は、漢語（hànyǔ）とは異なる、和語の語構成の類推による造語に相当するものである。

ワープロが漢字再認識を促した――漢字ブームの周辺

さて今や、ワープロの著しい普及をみるなかで、先に述べた日本語の表記に占める漢字のあり方が、より鮮明に浮かんできた、と思われる。その問題の一、二を取り上げよう。

「流行している〝漢字〟です」を標題に、朝日新聞（一九九七年十一月二日）は、「ワープロ全盛の今、逆に〝漢字〟の人気が高まっている」として、漢字クイズ誌が前年秋から数点の創刊をみ、それも公称一〇～二〇万部の売れ行きという。今なぜ漢字《かんじ》なのか。同紙は、「ワープロの普及で漢字を（手で）書かなくなり、逆に知識の確認をしたいという人が増えた。そのための漢字には、字形そのものにパズル性があり、クイズに合うものがある」と解説する。高齢者におよぶ娯楽の対象として、このブームが支えられているのであろうか。

この記事にはまた、「日本漢字能力検定（漢検）」が、年ごとに受験者数を増し、一九九七年度は一〇

○万人を突破する見込み、とある。日本漢字能力検定協会（漢検協）は、一九九二年十月に文部省認定の第一回漢検を実施して、今におよんでいる。受験者数増加の背景を、漢検協は、「漢検合格者に入試で加点する優遇措置制度を導入する大学が多くなった。把握しているだけで三六〇校ほどの大学・短大が導入している。高校の単位に認定するところも増え、中学や高校の生徒が学校単位で団体受験する例が増えた」と説明している。たしかに文部省当局は学校外の学習成果――各種検定の成績を、教科や学科の単位として認定することを勧めている。漢検の場合、従来の漢字学習と大きくかかわる問題をはらんでいるようである。

漢字の流行で「変換」を迫られる日本語表記

ワープロのような電子機器の普及につれて、それまでの漢字使用を規制しつづけた国の国語施策と、この簡便な機器の活用による漢字開放路線とが、どのように絡み合って、日本語の表記〝漢字仮名交じり〟文に影響していくのか、すでに久しく問題になっていた。漢字学習を含め、国語教育という日本語文化の継承に責任を負うべき学校教育当事者にとっても、深刻に対応が迫られていることを感じていた。

議論の端緒となるのは、漢字への注目度の増大の理由として、ワープロが仮名漢字変換の技能を発揮し、日本語表記の特性を刺激的に喚起したという点を挙げることができる。すなわち現在の日本語は、和語の大半を漢字語の訓《よみ》に負わせて漢字で表記することができるため、多量の同訓異義の漢字語を造成しつつ、その漢字のもつ音《おん》と意味を重ね合せることで、使用者、ことに学校での学習者に、「読み書き」のうち、いやがうえにも「書き」の習得に負担をかけてきたのだ。それが今や、仮名書きの和語に比べて格段に明瞭な意味を伝える（と思われている）視覚表象の漢字語を「書く」負担にかわって、たやすく変換して「打ち」出す方向に進んできたために、当然ながらワープロ文には漢字語の使用が増大したのである。文面には、平均して手書きより漢字が押し詰まっている。そして、ワープロの「打ち」手にとって、仮名―漢字の変換ミス、「発行→発酵」「大漁→大量」などとなると、いっそう日本語の表現力、意味了解の不足をさらけ出す結果になってきたのであるが、このことも背景にあって、今や漢検の大流行になっているのであろう。

かくて漢字は、視覚識別が主機能となり、書写（かきかた）は副次の学習作業に堕し、字画・字体など字面《じづら》上の標準は、教育現場の教師の手から電子機器メーカーの技能に移り、書き取りの点画への責任は、教室から去ったというべきである。ただし、その表現力となるとソフト入力の技能者のそれに規制されかねないのである。

のこるは、書体の雅俗正譌《がぞくせいか》、人名に用いる字体などの処置であって、図像情報の伝達ならばスキャナの活用で済むであろうが、人名などは情報伝達の表現権の問題であって、教育や技術と異なる次元の事柄であると考えられる。

「さいとう氏」と「打っ」て、「斉―斎―齋―齊」[2]のいずれを選定するかは、通常の「音訓」の知識からは導かれまい。

一ついえることは、漢検やワープロの流行は、日本語の漢字表記の学習困難さという弱点を衝いたのではなく、日本語のなかに占める漢字の表現作用の豊かさと同時にそのあいまいさ、その表意機能の大きさと複雑さとを刺激的に理解させるチャンスを与えたことにおいて、国語科教育を補充するうえ、日本語の言語表現にこのうえなく「変換」を迫るべきもの、と考えられることである。

漢検協から出している「新漢字必携　一級・二級」によれば、国語施策の諸規則、用例や慣行が、字「形」から音訓にいたるまで懇切《こんせつ》に解説されている。ただ、日本語の学術専門家の立場に立つとき、何よりも漢字語そのもの——あくまで日本語のなかの漢字語の使われ方の、語彙としての正確な意味と語法的な機能（品詞）を通時的に記述した lexicon（時代別用語集）がどうしても必要であることだけは、ここで主張しておきたい。

漢和辞典に見られる字「形」の詮索《せんさく》は、ときに学習者の興味を惹くこともあろうが、日本語表現力の下地《したじ》をつくったかつての漢文の素読《そどく》ほどの効果は得られていない。

＊　＊　＊

漢字語の語構成や漢字の造語力から論を説き起こし、漢字のもつ機能的本質の一端に迫るべく雑感を書き連ねたが、いかがだろうか。漢字をつうじ思考されることは人により多様であろうが、文字という表記工具としての漢字——漢字という文化資材にたいする再認識の一助として、本特集が役立つことを望みたい。

注

（1）森岡健二「漢字と漢語」（『日本語と日本語教育——文字・表現編——』国立国語研究所、一九七六年）

（2）いずれも「斉《さい》」に相当する字である。

■日本語の中の漢字■

日本語の正書法と漢字

野村 雅昭

正書法とは何か

普通の生活をしている人にとって、「正書法」ということばは、あまりなじみがないものだろう。ところが、去年の新聞では、ドイツ語の正書法がかわるらしいという記事をしばしば見かけた。たとえば、七月には「独語表記簡略化　揺れる」という見出しで、次のような記事が載った。

ドイツで国語の新しい表記法の是非をめぐる議論が盛り上がっている。簡略化した新表記規則(正書法)の来年八月導入が決定済みにもかかわらず、作家や出版社が強く反対。「国民が決めるべきだ」として与党議員も改革中止を呼び掛けている。日本で言えば漢字制限や仮名遣いの問題に相当する話だけに簡単には決着しそうにない雲行きだ。

(日本経済新聞、一九九七年七月十一日夕刊)

この記事によれば、新しい正書法は、ドイツ語の普及を進めるために、一九九六年七月に、ドイツ、オーストリア、スイスなど一三か国の文化相などが集まり、採用を決めたものだという。つづりの簡素化や発音に近い表記をめざしたもので、ドイツでは一九九八年八月から導入し、二〇〇五年までに完全に移行する予定だとも書いてある。

たとえば、ドイツ語では、英語のアルファベットにはないßという文字がある。「Schloß（城）」のように使うが、これをsを二つ続けて「Schloss」と表記しようというわけである。あるいは、「ö」のように、母音を表す文字の上に点を二つ並べたウムラウトという記号を組み合わせた文字があるが、これを母音二文字で表そうとするものらしい。学生時代にドイツ語の表記に悩まされた者にとっては結構な話だと思うが、先の記事にあるとおり、事は簡単ではないようである。

このように、欧米の諸言語では、「正書法」は単語のつづり方についての標準的な規則という意味で使われる。英語では「オーソグラフィー（orthography）」と呼ばれる。「オーソ（ortho-）」は「オーソドックス」「オーソリティー」などの造語要素でもあり、「正統な」という意味合いもある。明治時代には、「正字法」「綴字法《ていじ》」などと訳されたこともあった。

欧米では、表音文字であるアルファベットを使うのがあたりまえだから、この正書法が日本語の「仮名遣い」に相当するという先の記事の文章は、まちがってはいない。／モチイル／という単語は、歴史的仮名遣いでは「もちゐる」だが、現代仮名遣いでは「ゐ」を使わないことにしているので、「もちいる」と書く。あるいは、片仮名の使い方でも、昔は「ウヰスキー」とも書いたが、今は「ウイスキー」が普通だというような決まりは、正書法の概念に通じるものである。

ところが、欧米語と日本語とがちがうのは、／モチイル／はつねに「もちいる」と書けばいいというわけではないところにある。むしろ、「用いる」と書くのが標準的な表記であって、「もちいる」は「仮名（平仮名）で書くならば」という条件付きの表記なのである。それならば、漢字で書くのがいつも標準的な表記法かというと、そうではない。「居」という字は「常用漢字表」にもある字だし、「いる」という訓も認められている。だからといって、「だれかがそこに居る。」というような書き方は普通ではない。／イル／という語は、「いる」と書くのが普通なのである。ここに、日本語の表記法のややこしさがある。

それを強調すれば、日本語には正書法は存在しないという考え方になる。それにたいして、「政治」「組合」「ペン」などという語は、それ以外の書き方は考えられない。だから、正書法は存在するという意見もある。その中間には、日本語には「ゆるい正書法」があるのだという見方もある。しかし、そのような多様な見解が存在することこそ、やはり欧米語にみられるような正書法が日本語にはないことを物語っている。以下では、そのことについて、私見を述べてみたい。

表記のゆれと漢字

もし、日本語を書き表す文字として、仮名だけしかなかったとしたら、正書法は存在するだろうか。

その答えは、しかりである。もちろん、仮定の話ではあるが、仮名だけしかなかったとしたら、歴史的仮名遣いであれ、表音的な仮名遣いであれ、なんらかの標準的な表記法が存在しないなどということは考えられない。それが近代国家における言語というもののあり方なのである。

それなのに、右に述べたように、現代の日本語の正書法についてさまざまな見方があるということは、何に原因があるのだろうか。誤解を避けずにいうならば、それは漢字のせいである。もちろん、これはざっぱくな表現である。漢字を使っている中国語にも、標準的な書き方はある。漢字という表語文字と仮名という表音文字を併用しているから、いけないのだろうか。そうではない。かつての朝鮮半島では、漢字とハングルを使っていて、正書法に近い書き方が存在していた。

それでは、なぜ日本では漢字を使うことが正書法の妨げとなっているかといえば、それは固有の日本語を漢字で書き表そうとしていることに主な原因がある。固有の日本語とは、和語あるいは大和ことばともいわれるもののことである。わかりやすくいえば、漢字・漢語が中国から伝えられる前から日本語であったことばのことである。

「ひと」「こころ」「みる」「うつくし(い)」などのことばは、古代から日本語にあった。それを「人」「心」「見る」「美しい」と書くようになったのは、漢字が入ってからあとのことである。それにたいして、「人間」「世界」「観念」などのことばは、漢字とともに日本にもたらされた。それを漢字以外の文字で書くことなどは、昔の日本人には思いもよらなかった。もともと、日本には文字がなかったし、漢字から仮名を作りだしたのちでも、そういう考えは浮かばなかった。

和語に漢字を当てて表記するのは、漢字が入ってからだいぶたってからのことである。その前に、漢字の訓読という習慣が成立する必要があった。訓読というのは、外国語である漢文をそのまま日本語に翻訳して読んでしまう技法のことである。中国語の単語である漢字には、いろいろな意味がある。それに近い日本語を選んで、読んでいるうちに、よく使われるものがその漢字の読み(訓)として定着した。「ひと(人)」や「こころ(心)」がそれである。それを固有の日本語を表記するのに使ったのが問題の起こりであった。

／ヒト／という語をつねに「人」と書くならば、問題はない。しかし、われわれの回りにある新聞や雑誌、あるいは単行本などで、次のような表記のバラエティーを目にすることは、決してまれではない。

1　空港には大勢の人が出迎えた。
2　ヒトは五百万年前に誕生した。
3　ひとのいいのにも、ほどがある。
4　それは他人事ではない。
5　課長の十八番は「長崎の女」だ。

右の1～5の線を引いた箇所は、いずれも／ヒト／と読める。「人」と書いても、誤りではない。しかし、右のような表記も、また誤りではない。／ニンゲン／という語は、ほとんど「人間」と表記される。ときに、「ニンゲン」や「にんげん」と書かれることもないではないだろうが、めったにはない。そこに、和語と漢語の違いがある。右のようなバラエティーを「ゆれ」とみるならば、和語には本質的に表記のゆれを許すものがあるといわなければならない。

たとえば、／アタタカ／という語は、「暖かな日差し」という場合は「暖」で、「温かなスープ」という場合は「温」で表記するように、学校でも教えるし、用字辞典にもそう書いてある。しかし、「心のあたたかな人」「あたたかなことばをかける」などの場合は、どちらの漢字を使えばよいのか、辞書には書いてない。書いてあっても、答えはまちまちで、結局、どちらだかわからない。

これは、辞書が不親切だからではない。もともと、書き分ける根拠がないのである。中国語では、「暖」と「温」とは別語である。日本語では、それを「あたたか」という一語で表す。したがって、別な漢字に同じ読み方が生じた。それだけならば問題は少ないが、それを固有の日本語の表記に適用しようとするところから無理が生まれる。〈あたたか〉という概念(意味)はどちらの言語にも存在するが、それと語彙《ごい》の対応のしかたは同じではない。それを無理に合わせようとするところから、表記のゆれが生まれるのである。

「犬小屋を作る」「米を作る」は、「作」で書く。ところが、「船を造る」「酒を造る」は、「造」で書く。その根拠は、「造船」「醸造」などの漢語(字音語)があるというだけにすぎない。〈つくる〉という意味の単語は、日本語では一つである。「手を上げる」という書き方は普通だろうが、それを「手を挙げる」と書いても、意味が変わるわけではない。「挙手」という熟語があるから、「挙げる」と書くべきだというのは、あまりにナンセンスな話である。

漢字の使用が和語表記のゆれを引き起こす

漢字で和語を書き表すことの難しさは、右のようないわゆる同訓異字の場合だけではない。もともと中国語は、語形変化をしない言語である。ところが、日本語の動詞や形容詞には、活用という性質がある。「送り仮名」という習慣は、この差を埋めるために発生した技法である。本来は、漢文を訓読するときに、読み方を示すために使われた。それを表記にも使わなければならないところに、苦しさがある。

漢文の中の「行」という字の読み方を示すために、「ク」または「フ(ウ)」という仮名をわきに添えておく。これを表記に適用すれば、「行く」または「行ふ(う)」と変化する部分に仮名を送ることになる。ところが、「た」や「て」に続く場合は、どちらも「行った」「行って」となって、読み分けができなくなる。そこで、「おこなった」の場合は、「行なった」と「な」から送る慣用が生まれる。このような無数の例外を含んだ規則の集合が送り仮名なのである。普通の人間には、とても覚えきれるものではない。

／ウチアワセ／という語は、「うち」と「あわせ」という二つの要素の複合語である。それぞれを独立に表記すれば、「打ち」と「合わせ」だから、「打ち合わせ」でよいはずである。ところが、「合わせ」は「合せ」と書いてもよいから、「打ち合せ」という形もありうる。さらに、複合語では前にくる語の送り仮名を省いてもよいという規則があるから、「打合せ」もまちがいではない。「打合わせ」も、よいということになる。といったぐあいで、本則の「打ち合わせ」のほかに、「打ち合せ」「打合せ」「打合わせ」という三種の許容形を用意しておかなければ、ワープロの辞書は間に合わなくなる。ゆれを認めまいとしても、本来それができないのである。

このような例は、漢字で和語(固有の日本語)を書くときだけのことではない。漢字で書くのが普通のことばにも、ゆれはみられる。「森鷗外」と書こうとしたら、ワープロでは「鴎外」となってしまった。どうしてくれるんだと怒っている人がいる。「〇〇大學體育會」などという普通は目にしない漢字を使って喜んでいる人もいる。これらは字体のゆれに属する現象だが、国内だけでなく、漢字を使っている日本、中国、韓国などにまたがる大きな問題でもある。

漢字は、意味を表す文字だといわれる。たしかに、一字一字を見れば、成り立ちや意味は異なるが、それが熟語の要素となると、区別がつかなくなることがある。たとえば、「表記の基準」という場合の/キジュン/は、「基準」でよいのか、それとも「規準」と書いてもよいのかというようなケースである。いわゆる同音漢字の書き分けという現象は、このことをさす。

用字辞典や新聞社のハンドブックには、このような例がたくさんあがっている。ちょっと拾っただけでも、次のようなものがある。

素性—素姓　意志—意思　異常—異状　製作—制作
的確—適確　実態—実体　総合—綜合　衣装—衣裳

これらの中には、「意志—意思」のように、ある程度の使い分けがあったり、「総合—綜合」のように、一方が常用漢字でないために自然に使われなくなったりしているものもある。また、先の「基準—規準」は、新聞や放送では「基準」を使うことに統一している。しかし、漢字が明確に意味を表していれば、このような現象は起こらないはずである。現代日本語で漢字の意味があいまいになっているからこそ、こういうことがありうるのである。「あくまでも」という副詞を「悪魔でも」と誤記する例は、大学生のレポートでしばしばお目にかかるが、これなども漢字が意味を離れて、ただの音を表す文字に移行していることを裏づけるものといえるだろう。

以上にみたように、現代日本語の表記のゆれといわれる現象には、漢字がその原因や引き金となっているものが多い。とりわけ、固有の日本語を漢字で書こうとするときに、それは顕著である。そればかりでなく、漢字で書くのが普通であるはずのことばにも、それがおよんでいることを指摘した。

正書法はなぜ必要か

右に述べた表記のゆれを、筆者は困ったものだと思っているのだが、世の中にはそう思わない人もいる。むしろ、日本語の表記の多様性として高く評価したり、日本語の豊かさなどと表現したりする人さえ少なくない。かつて、ある作家が「寂しい」と「淋しい」は明らかに違う、自分はそれを書き分けていると述べたこともある。たしかに、文芸の世界ではそういうことがあるかもしれない。俳句などでは、漢字の違いが句の意味を大きく変えることもあるだろう。

しかし、正書法が問題にされるのは、そういう重箱のすみをつつくような世界ではない。あくまでも、普通の人々が日本語を書き表すうえで、できるだけ皆が同じ書きかたをすることをめざす方向にそれはある。人によっては、そんなことは無意味だ、同じ単語をどう書いたって自由だし、それを無理に統一する必要はない、日本語に正書法は不要だと明言する。しかし、それはあまりにも視野のせまい考え方である。

まずは、教育という面から考えてみよう。教育の意義はなどと開き直るまでもなく、学校教育の目的の大きな部分が社会でひとりだちするまでに必要な知識や学力を身につけることであるのは、いうまでもない。国語の時間に漢字を一生懸命に覚えるのは、それが社会で普通に使われている文字であり、その読み書きを習得することが生きていくうえで不可欠だからであるはずである。

ところが、小学校に入ってから高等学校を卒業するまでの一二年間、寝食を忘れる思いをして漢字を覚えても、小学校で提出された一〇〇六字の読み書き能力は、読みで八〇パーセント、書きで六〇パーセントをやっと超える程度なのである。こんなばかげた教育を施している国がどこにあるだろうか。開発途上国ならばともかくも、長い歴史を有し、ある時期は文化国家を自称した国の言語教育の成果がこの程度であることを知ったらば、平然としてはいられないはずである。

したがって、というのもおかしいが、それに気づいている人はいる。子どもを塾に通わせたり、漢字検定などに走ったりする人がそれである。漢字検定を受ける人が一〇〇万人に近づいたとか達したとかいう記事を目にしたような気がするが、こんな異常なことはない。生まれてから二〇年近く、学校に入ってから十余年、覚えようとしても覚えきれず、生涯をかけて必死に学びつづけなければならない文字や表記体系が近代国家どころか二十一世紀の国家に存在することの無意味さを、われわれはもっと直視すべきである。

それは、ただ覚える漢字の数の多少だけのことではない。先に述べた「暖かい」と「温かい」の使い分け能力なども含まれている。学校では「打ち合わせ」が正しいと教わる。「打ち合せ」などの許容的な表記のあることを教えるのは、とても教師の手に及ばない。ところが、社会へ出ると、「打合せ」と書くことを要求される。うそではない。「文部省公用文送り仮名用例集」(一九八一年)には、そう明記されている。正書法が成立していれば、こんなくだらない話があるはずはない。

小学校で学習する漢字は、学習指導要領で配当学年が指定されている。したがって、ある単語が教科書に現れても、それを表記する漢字がその学年までに提出されていなければ、漢字で表記することができない。例えば、「城下町」という語が四年生の教科書で現れたとしても、「下」「町」は一年生用の字だから使えるが、「城」は六年生の配当漢字なので、「じょう下町」と表記することになる。

これにたいしては批判も強く、近年ではルビをつけるなどの方法で、ある程度の裁量が編集者にも認められるようになった。しかし、社会で標準的な表記としているものを、学校教育でそのまま提出できないという根本的な問題は残っている。それは、そのようなことをしたら、ただでさえ教師の手にあまる漢字教育がめちゃくちゃになってしまうからである。結局は、漢字を使う正書法が学校教育のわくの中に入りきらないことに原因がひそんでいる。

外国人の日本語教育のためにも……

国語教育はまだしも日本人にたいするものだから、学校教育だけが学習の場ではなく、家庭や社会で標準的な表記を覚える機会があるかもしれない。しかし、日本語教育となると、問題は深刻である。初級―五〇〇字、中級―一〇〇〇字、上級―二〇〇〇字などという、どのような根拠に基づいたかわからない目標があるが、それを学ぶ外国人は三年か四年でそれを学習しなければならない。日本人が一〇年以上かかっても覚えきれないものが、外国人に覚えられるわけがない。少数の優れた能力をもつ学習者を除いて、大部分が読み書きの段階で脱落する。

日本人の外国語学習と同様に、読み書きは不十分でも、会話さえできれば、それでよいという学習者はいる。しかし、日本人が外国語をちょっとまじめに学習しさえすれば、新聞を読むことはおろか、日常の用をたす手紙くらいはすぐ書けるようになる。ところが、非漢字系の日本語学習者の場合は、日本学を専攻し、かなりの年数がたった研究者の卵でも、それは容易でない。まして、学術論文を日本語で書くのは至難事である。

「むじゅん」という単語を知っていて、会話で使うことも、読むこともできる学習者は、研究者の卵でなくても、たくさんいる。それを「矛盾」と書くことができなければ、書く能力が十分でないと評価する社会では、かれらはシジュフォスの神話のごとく、漢字という大岩をいつまでも山の上に押し上げては転げ落とされる思いを味わうことになるのである。漢字による正書法の壁がかれらにとって、どんなに乗りこえがたいものであるかということに、われわれはもっと目を向ける必要がある。

話題を国内に戻せば、情報処理の問題がある。この世界では、最近は漢字のコードや字体のことばかりが問題になっているが、何のためにわれわれは情報処理を開発したのかということが、近ごろ少し忘れられているような気がする。われわれは、たしかに漢字をコンピューターにあつかわせようとしてきた。しかし、それが目的ではなく、それによって大量の情報蓄積や情報検索などが可能になることを期待していたからではないだろうか。

たとえば、国語学にかんする明治以降の論文題目がすべて入力されたデータベースができたとして、その中から「送り仮名」についての論文を検索したいとする。「送り仮名」というキーワードで標題の文字列を検索しても、それですべての論文がヒットするわけではない。「送仮名」「送りがな」「おくりがな」「オクリガナ」なども当たってみなければならない。もし、戦前の文献がそのままの字体で入力されているならば、「送」や「假」も入れてみる必要がある。その組み合わせを考えると気が遠くなる思いがする。しかし、これは専門の世界だけの話ではない。人名の処理では、今でも似たようなことをやっているのである。

そろそろ、結論を述べるときになった。
日本語に正書法は必要か。
しかり。
漢字を使った正書法は可能であるか。

いな。

漢字を使わない正書法を試みるべきか。

しかり。

筆者の考えは、右に尽きている。何度も何度も胸の中でくりかえした問答である。正書法が必要でないという人とは、争う気はない。理解しがたいのは、正書法が必要だとしながら、漢字を使ってそれを試みようとする人だ。この文章であげた、わずかな例からもその不可能なことは証明されると思うが、どうだろうか。漢字を使わない正書法を確立するために、少しでも漢字を使わない表記を試みるというならば、理解はできる。その先のことは、これからの若い世代にまかせたい。

■日本語の中の漢字■

戦後の漢字施策とその影響

斎賀 秀夫

はじめに

前島密《ひそか》が将軍徳川慶喜《よしのぶ》にあてた建白書「漢字御廃止之儀」（一八六六〈慶応二〉年）に始まり、福沢諭吉の『文字之教』（一八七三〈明治六〉年）の端書《はしが》き(1)など、漢字全廃あるいは漢字削減に関する論議や実践への試みの歴史は長い。しかし、実際に政府の施策として実行に移されたのは、太平洋戦争後の「当用漢字表」（一九四六〈昭和二十一〉年十一月）が最初のものである。政府は引き続き「当用漢字別表」（昭和二十三年二月）「当用漢字音訓表」（同上）「当用漢字字体表」（昭和二十四年四月）を次々に公にしたが、これら一連の当用漢字に関する施策は、現行の「常用漢字表」（昭和五十六年十月）の公布と同時に自動的に廃止された。

本稿では、戦後、政府の執ってきた漢字施策の歩みを振り返りつつ、それが日本語および日本人の言語生活にどのような影響を及ぼしたかについて考察する。

なお、【参考】として「戦後の国語施策　略年表」を添える(次ページ。以下、「略年表」と略称)。この年表は、内閣告示・訓令として公布されたものを中心に、新聞、学校教育、人名用漢字に関する事項を適宜加えたものである。

略年表のほぼ中央、通し番号⑿と⒀の間に点線を入れた。この点線を境にして、戦後の漢字施策は前・後期に分けられる。すなわち前期は制限的色彩の強かった当用漢字時代、後期は制限色の弱められた常用漢字時代である。

当用漢字表の〝制限〟的性格

戦後三十五年にわたる当用漢字表の実施は、日本語の語彙や表記にさまざまの影響を及ぼしたが、その最大の功績は、何と言っても、日本語の文章表現の平易化を促進させたことであろう。難しい漢字を使わないことは、単に用字面の変化にとどまらず、難しい漢語や堅苦しい文語の使用を避けて日常の平易な言葉で表現することにつながった。当用漢字実施直後の昭和二十年代に、これを「第二次言文一致期」と称した人がいたが、今にして思えば、それは至言であったと言える。

しかし、その一方で当用漢字表の運用にあたってはきわめて〝制限〟色が強く、そのために各方面からの反発を招いたことも少なくなかった。ここでは、その実例を一、二示す。

【参考】戦後の国語施策　略年表

(1)	1946(昭和21)	11	当用漢字表(内閣告示・訓令)1850字
(2)	1946(昭和21)	11	現代かなづかい(内閣告示・訓令)
(3)	1948(昭和23)	1	戸籍法施行（人名用漢字)
(4)	1948(昭和23)	2	当用漢字別表(内閣告示・訓令)881字
(5)	1948(昭和23)	2	当用漢字音訓表(内閣告示・訓令)
(6)	1949(昭和24)	4	当用漢字字体表(内閣告示・訓令)
(7)	1951(昭和26)	5	人名用漢字別表(内閣告示・訓令)92字
(8)	1954(昭和29)	3	当用漢字補正資料(国語審議会報告)
(9)	1954(昭和29)	3	外来語の表記(国語審議会報告)
(10)	1954(昭和29)	12	ローマ字のつづり方(内閣告示・訓令)
(11)	1958(昭和33)	10	学年別漢字配当表(学習指導要領)881字
(12)	1959(昭和34)	7	送りがなのつけ方(内閣告示・訓令)
(13)	1966(昭和41)	6	文部大臣諮問「戦後一連の国語政策についての再検討」(第8期国語審議会)
(14)	1968(昭和43)	7	学年別漢字配当表(学習指導要領)996字
(15)	1973(昭和48)	6	当用漢字音訓表(内閣告示・訓令)
(16)	1973(昭和48)	6	送り仮名の付け方(内閣告示・訓令)
(17)	1976(昭和51)	6	人名用漢字追加表(内閣告示・訓令)28字
(18)	1977(昭和52)	7	学年別漢字配当表(学習指導要領)996字
(19)	1978(昭和53)	11	地名表記の手引(教科書研究センター)
(20)	1981(昭和56)	10	常用漢字表(内閣告示・訓令)1945字
(21)	1981(昭和56)	10	人名用漢字別表(戸籍法施行規則)166字
(22)	1986(昭和61)	7	現代仮名遣い(内閣告示・訓令)
(23)	1989(平成1)	3	学年別漢字配当表(学習指導要領)1006字
(24)	1990(平成2)	3	人名用漢字別表(戸籍法施行規則)284字
(25)	1991(平成3)	6	外来語の表記(内閣告示・訓令)
(26)	1994(平成6)	4	新 地名表記の手引(教科書研究センター)

文部省実験学校の表記指導

学校教育が当用漢字の趣旨に沿って進められるのは当然のことであるが、一部では極端な制限的指導を児童・生徒に課した現場もあった。その一つの証例が『国語表記の学習指導――文部省国語実験学校の研究報告』（横浜市立西中学校、昭和三十二年六月、明治図書刊）である。本書は、昭和三十一年度に文部省から表記指導についての実験学校に指定された同校が、二年間にわたる国語表記の指導結果をまとめ、報告書として刊行したものである。同校では、「当用漢字音訓表の範囲内で表記するのが正しい」「同表にあるものは必ず漢字を使用する」ということを基本方針に据えて厳しい表記指導を行った。

例えば、生徒の作文や日記に「僕・金箔・風呂」のような表外字[2]が使われていると、これは表外字であるから誤り、仮名書きが正しい、また、「お父さん・お母さん・出来る」などの当て字や「今日・景色・田舎」などの熟字訓も、表外音訓[2]であるから誤り、とする指導内容である。さらに、生徒が「大変・十分・一生懸命」と漢字表記をすると、副詞は仮名書きにすべきだから「たいへん・じゅうぶん・いっしょうけんめい」が正しいという指摘も、本書中に見える。同校の実験研究には三名の文部事務官が直接指導に当たっているので、当時の文部省の当用漢字に対する姿勢が反映したものと考えられる。筆者はたまたま同校の研究報告会（昭和三十三年五月三十日）に出席し、授業参観・研究討議に参加した。その席で「生徒が日常生活の中で自然に、しかも正しく習得してきた漢字表記を、表外字・表外音訓であることを理由に〝誤り〟として斥《しりぞ》けるのは、あまりに行き過ぎた指導ではあるまいか」と、文部事務官たちに質問した記憶がある。こうした文部省当局の〝制限〟的態度は、筆者だけでなく、当時すでに各方面で問題視されていた。

人名用漢字の制限

もう一つ、当用漢字に関してはっきり制限を打ち出したのが、新生児の名づけに用いられる漢字についてである。旧戸籍法では人名用漢字について何らの制限も設けられていなかったので、時には難しい漢字や読み方が用いられることがあった。そこで昭和二十二年十二月公布の戸籍法では、「子の名には、常用平易な文字を用いなければならない」（第五十条）として、その範囲を戸籍法施行規則によって「当用漢字表に掲げる漢字（千八百五十字）」と「片かな又は平がな（変体がなを除く）」と定めて、翌年一月からこれを実施した。

ところが、その後これに対して国民一般の間から強い不満の声が起こった。「子の名に用いる漢字の制限は、憲法で保障された〝表現の自由〟を侵すものではないか」として裁判に訴えた例もあったと聞いている。そこで政府は、国語審議会の建議に基づき、昭和二十六年五月「人名用漢字別表」九十二字を公布し、同時に戸籍法施行規則の一部も改正して、新生児の命名には、当用漢字千八百五十字のほかに、この九十二字を用いることができるようにした。その後も、現在に至るまで、子の名に用いる漢字の制限を超える届け出が後を絶たず、制限の緩和が要望されたため、法務省は三回にわたって人名用漢字の追加を公布している（→略年表の⒄⒇㉔）。

国語審議会の当用漢字再検討

表意派・表音派の対決

昭和三十三年、国語審議会が「送りがなのつけ方」を可決したのがきっかけとなって、従来の審議会の態度や国語改善の方針に強い不満を持っていた人々の批判的な論議が、にわかに白熱化した。その論によると、国語審議会は、カナモジ論者やローマ字論者に牛耳られて漢字全廃の方向に進んできたが、今回、今までよりも送り仮名を多くする決定によってさらにその表音化への意図を明白にしたの

13版● 第29649号 （明治5年創刊） （明治25年3月8日第3種郵

「送りがな」のつけ方統一

正しく読みやすく

国語審議会、文相に建議

文部省の国語審議会（会長土岐善麿氏）は十八日文部省で第三十七回総会を開き、いままでマチマチだった「送りがなのつけ方」について最終的な結論をまとめ灘尾文相に建議した。

送りがなについては、明治四十年国語調査委員会（審議会の前身）が文語文について「送仮名法」を決めただけで、とくに当用漢字、現代かなづかいによる口語文では一定の規準は設けられていなかった。そこで国語審議会では昭和三十一年十二月からこの問題を取上げ、正書法部会（部会長[illegible]教育大教授）でいろいろな文法や慣用を参考にして検討を加えてきたものである。基本方針としては❶活用語とこれを含む語はその活用語の語尾を送る❷なるべく誤読、難読のおそれのないようにする❸慣用の固定しているものは、それに従うの三項目を基準にまとめているが、多少調整を要する面は実際使っているうちに適切なものに落ちつかせるという弾力性を持たせている。

文部省ではこの建議の内容を教科書の検定基準や教育課程審議会で各教科を検討する際に盛り込んでゆくほか、新聞など報道機関の協力を求めるなど、一般に普及させる方針である。

押しつけはしない

土岐審議会長の話 二年間にわたり、二十七回の部会を開いてやっと結論を得た。送りがなの問題は文法的に原則は立てられないし、間違いないように読ませるためにはいろいろ困難もあるので、これですべてが解決されるというものではない。国語の問題は社会とともに動いてゆくので、審議会としても統制したり押しつけたりすることは極力避ける方針である。今後も適当な機関で資料を集めて観察をはかる機会を持ちたい。異論も出るかもしれないが、審議会としては妥当な線だと考えている。

土岐審議会長

（建議案内容は二面）

「送りがなのつけ方統一」を伝える記事
毎日新聞（1958（昭和33）年11月19日付朝刊1面）より

は、国語の将来のために重要な問題である、というのである。新聞・放送などのマスコミ界も、右の主張をする人たちを「表意派」、一方、戦後の国語施策を支持する立場の人たちを「表音派」と名づけて、両派の対決を大々的に報道した。

文部大臣の〝見直し〟発言

昭和四十一年六月、第八期国語審議会の最初の総会にあたって、文部大臣から「国語改善の具体策について」諮問が出された。この総会で注目すべきことは、文部大臣がそのあいさつの中で、

今後のご審議にあたりましては、当然のことながら国語の表記は、漢字かな交じり文によることを前提とし、また現代国語の表記を平明にするという趣旨とともに、従来の諸施策との関係をご考慮の上、広い立場から国語の諸施策の改善の方途をじゅうぶんご検討願いたいのであります。

（傍点は筆者）

と述べていることである。この文部大臣の公の場における発言は、政府には表音化への意図など全くないことを明言したもので、これによって前記の表音派の主張は封じ込められた。また、文部当局もその少し前から、国語審議会委員の選任にあたり、公正な反省・検討を期待して、中立的な立場にあると考えられる新委員を多数選んだ。国語学・言語学の専門家が多く参加したのも、このころからであった。かくして国語審議会は、表音派と表意派の、時には非難や怒号の飛び交う〝対決〟の場から、次第に〝話し合い〟の場へと移行していったのである。

「当用漢字改定音訓表」の答申

文部大臣の諮問を受けた第八期国語審議会は、漢字部会とかな部会を設置し本格的な審議を開始した。そして三期・六年にわたる慎重な審議の結果、第十期審議会の最終総会（昭和四十七年五月）で「当用漢字改定音訓表」と「改定送り仮名の付け方」を答申した（内閣告示・訓令は翌年六月。→略年表⒂⒃）。

これらの審議経過を振り返ってみると、従来の審議会と著しく異なった点がいくつか指摘できる。

（一）精力的に会議を開催したこと。

三期・六年もの時間をかけただけでなく、各期とも、総会・運営委員会・部会・小委員会・起草小委員会等、従来とはかけ離れて数多い会議を開催した。（第九期だけでも六十回近い。）

（二）試案を世に公表して各界からの意見・反響を求めたこと。

第九期の総会（昭和四十五年五月）で両部会とも一応の成案をまとめ、各報道機関を通じて公表した。第十期では、その試案に対して社会一般から寄せられた批判・意見を参考にして試案を吟味し、二年かけて答申案を作成した。いったん試案を公表して世の批判を求めるという、この方式は以後の審議会にも受け継がれて今日に至っている。

（三）審議の基礎資料として国立国語研究所の語彙調査・漢字調査の結果が活用されたこと。

終戦直後の当用漢字表の審議の際にも、戦前における新聞社などの漢字調査の結果が用いられたが、それらは漢字の字種ごとの頻度数を調べたものにすぎなかった。それに対し、国語研究所のデータは、個々の漢字が使用音訓ごとに集計され、また、人名・地名などの固有名詞に用いられたか、それ以外のどのような語として使われたかが明らかにされているため、審議に際してきわめて有効な資料となった。

「当用漢字改定音訓表」の性格

この改定音訓表は、従来の音訓表に比べて制限色が著しく弱められた。同表の「前文」からそれを示す表現を要約して示す。

(一) 旧音訓表の持つ制限的色彩を改め、漢字の音訓を使用する上での目安とする。
(二) 旧音訓表は「表示した音訓以外は使用しない」という制限的精神に基づくが、今回のは、新聞・雑誌・放送など社会一般における、良い文章表現のための目安として設定した。
(三) 科学・技術・芸術、その他の各種専門分野における音訓使用や、個々人の表記にまではこれを及ぼさない。
(四) この音訓は、現代の国語を書くために選定したので、過去の著作や文書をいかに読むかを示すものではない。又、過去に行われた音訓を否定するものでもない。それら本表以外の読みのためには別途の工夫が必要で、振り仮名の使用などもその一法と言えよう。(傍点は筆者)

最後の傍点箇所は、当用漢字表の「まえがき」(使用上の注意事項)中の「ふりがなは、原則として使用しない」という一項を、完全に否定したものとして注目される。

制限緩和の内容

この改定音訓表は、旧音訓表の音訓三千百二十二に対して、三百五十七の音訓が新たに加わった。そのほか旧音訓表では「あて字は、かな書きにする」とされていたのに対し、「慣用の広く久しいものは取り上げる」として、「田舎・為替・五月雨・相撲・眼鏡・景色・時計」などの熟字訓や「お父さん・お母さん」などの当て字訓を計百六語、「付表」として掲げた（現行の常用漢字表の「付表」には、さらに四語が加わって百十語となった）。

また、前述の「大変、十分、一生懸命」などの漢語副詞も、「漢字の字音による副詞は、漢字で書く」と、選定方針の中に（注）として明記されている点も注目される。

以上述べてきた「制限緩和」の精神は、そのまま現行の「常用漢字表」に踏襲されている。したがって、この改定音訓表は、戦後の漢字施策の大きなターニング・ポイントになったものと、位置づけることができる。

国語審議会は、第十一期（昭和四十七年十一月発足）から当用漢字表（別表・字体表を含む）の再検討に取り組み、四期・八年の歳月をかけて「常用漢字表」を答申した（昭和五十六年三月。訓令・告示は昭和五十六年十月→略年表⒇）。審議会では、この間二度にわたって試案を公表し、入念な手順を経て定めたものである。

新聞界の対応

表外字（制限漢字）の紙面からの追放

昭和二十一年十一月、政府は「当用漢字表」と「現代かなづかい」を公布したが、新聞界は自発的に直ちにこれを受け入れることを決め、同年十二月一日から紙面に実施した。もともと漢字制限は新聞社の〝悲願〟とも言うべきもので、戦前から各社それぞれに努力を続けていたという経緯があったからである。

しかし、表外字の新聞紙面からの完全追放は、一朝一夕には進まなかった。最も熱心だった朝日新聞でさえ、当時の部内資料によると、実施後七、八年経っても、かなりの数の表外字が紙面に現れていることが報告されている。[3]朝日・毎日以外の新聞は比較的無頓着《むとんちゃく》であったが、読売新聞は、昭和二十八年八月一日の朝刊一面に「さらに読みやすく／紙面から制限漢字を追放」という見出しの社告を掲げ、当用漢字表の完全実施を宣言し、朝日・毎日に対する六年間の遅れを一挙に取り戻した。

そのころ、日本新聞協会では、各社の用語担当者による「新聞用語懇談会」（昭和二十八年二月発足）を設け、表外字・表外音訓を含む語の言いかえ・書きかえを審議していた。その結果が『新聞用語言いかえ集』として刊行され（昭和三十年四月）、全国の新聞・放送で統一的に使用されることになった。右の読売の英断と新聞用語懇談会の成果とが契機となって、昭和二〇年代末から三〇年代初めにかけて各新聞の表外字追放が急速に進むことになった。

表外字を含む語の言いかえ・書きかえ

昭和二十一年公布の当用漢字そのものは、単に漢字の字種を千八百五十字に制限しただけのものであった。同表の「まえがき」中の「使用上の注意事項」には、「この表の漢字で書きあらわせないことばは、別のことばにかえるか、または、かな書きにする。」という注意が掲げられていたものの、そのための具体策は何一つ触れていなかった。したがって、その仕事に実際に取り組み、非常な努力を払ったのは新聞界であった。後日、公にされた、

・公用文作成の要領（昭和二十七年四月、内閣。以下、略称「公」）
・法令用語改正要領（昭和二十九年十一月、内閣法制局。略称「法」）
・同音の漢字による書きかえ（昭和三十一年七月、国語審議会報告。略称「同」）
・学術用語集（土木工学・数学・動物学・物理学の四編〈昭和二十九年三月〉を皮切りに海洋学・地理学〈昭和五十六年三月〉まで二十三編が刊行される。略称「学」）

などの中には、新聞が造り出した用語・表記を踏襲したものが少なくない。例えば、

暗誦→暗唱（同）　　徽賞→記章（同）
詮衡→選考（同）　　慰藉料→慰謝料（法・同）
交叉点→交差点（法・同）　　蛔虫→回虫（同・学〈医学〉）

などの同音の漢字によるおきかえ語は、当用漢字表実施以来、新聞が考え出して使ってきたものを追認したものである。また、

涜職→汚職（公）　譴責→戒告（公）
捺印→押印（法）　擾乱→騒乱（公）
毀損→損傷（法・公）

などの言いかえ語も、同様である。このうち「汚職」は朝日新聞が使い始めたもので、筆者の調査によれば、昭和二十二年十月二十八日朝刊二面にその初出例[4]が見られるが、すぐに他紙が追随し、二十年代前半には新聞界で定着していた。戦後できた新語である。

ルビの全廃と漢語の交ぜ書き

明治以降の新聞は、総ルビ・パラルビ（一部ルビ）の方式をとるのが普通であったが、戦後、朝日・毎日は昭和二十一年から、読売は二十四年から、小説等を除いてルビ方式を完全に廃止した。戦後、新聞の用紙不足が深刻になったため、各紙とも段数を増やしたり、活字を小さくしたりして、文字面の余白を極限にまで削り落とした結果、ルビを犠牲にせざるをえなかったのである。また、当用漢字表の「まえがき」中の「使用上の注意事項」の中に「ふりがなは、原則として使わない。」の一条があったことも、ルビ廃止の支えになったと考えられる。

その結果、新聞では「補てん・さい配・けん制」といった漢語の交ぜ書きが多用される現象を生んだ。

補正漢字の実施とクイズ・ブーム

国語審議会は昭和二十九年三月、「将来当用漢字表の補正を決定するさいの基本的資料となるもの」として「当用漢字補正資料」(→略年表⑧)を発表した。その内容は、同表から「旦・丹・担・遵・箇・附……」などの二十八字を削除し、新たに「亭・俸・偵・僕・厄……」などの二十八字を追加したものである。別に、音訓を加える字として「個コ→コ・カ」を、字体を改め音訓を加える字として「燈→灯トウ・ひ」を決めた。

この補正資料の決定に大きな比重を占めたのが新聞用語懇談会から提出された資料であったことから、同懇談会はこの補正資料を採択し、四月一日から実施することを決定した。つまり、この時点で、官庁や学校教科書において用いられる従来の当用漢字と、新聞界だけに使われる「補正当用漢字」とが併存する事態を招いたのである。

昭和三十一年五月に読売新聞が始めた賞金三万円の日曜クイズ「推理作文」は、新聞・週刊誌のクイズブームの先駆けとなっただけでなく、当用漢字や現代かなづかいを一般市民に普及させるうえに、さらに送り仮名や片仮名使用などの国語表記に対する国民の目を開くうえにおいて、その影響はきわめて大きかった。本来の当用漢字と新聞の補正当用漢字との間に二十八字ずつの出入りがある事実について、マスコミ自身や一般国民が初めて認識するようになったのも、このときであった。

表外字の使用範囲と振り仮名の復活

常用漢字表の実施（昭和五十六年十月）とともに新聞界でもこれに従っているが、近年、表外字の使用範囲について多少の差異が現れている。各社とも、以前から「亀・舷・痕・挫・哨・狙」の六字を例外的に使用することに定めていたが、朝日新聞は〝独自の判断〟で平成元年九月から「冤・腫・腎・塁・拉」の五字も使うことにした。独自の判断とはいうものの「冤罪・塁穴・拉致」などの漢字表記が、一般読者に抵抗なく読めるかどうか、疑問である。

毎日は平成五年元日から、読売は平成七年元日から、朝日は平成十一年元日から各紙面とも振り仮名方式に切り替えた。他の新聞は、従来の慣習どおり、カッコ付きの読み仮名方式を踏襲している。各紙が毎日・読売・朝日に倣って本文記事にもルビ方式を採用すれば、表外字の例外的使用の規定も不必要になるし、また、当用漢字制限時代の〝落とし子〟である漢語の交ぜ書きも減らすことができると思う。今後の課題である。

学校教育界の対応

戦後の漢字施策に関しては、学校教育上の問題も取り上げなければならないが、もはや紙幅もないのでごく簡略に述べる。

昭和二十三年「当用漢字別表」（俗称「教育漢字」。→略年表(4)）が公布され、義務教育期間において読み書きともに必修すべき漢字の範囲が定められた。戦後間もなく国定教科書制度が廃止されたため、小学校の各種検定国語教科書の間には、漢字の提出字数の上からも字種の上からも相当な差が見られ、教育上の不都合が生じ、社会的にも問題になった。

そこで、文部省は「学年別漢字配当表」を作成し、昭和三十三年度告示の「学習指導要領」の中に収めた（実施は三十六年度から。→略年表⑾）。各教科書会社はこれに従って教科書を作成することになり、教育上の不都合はほぼ全面的に解消することとなった。この「学年別漢字配当表」の字数や字種については、その後、社会の要請や児童の習得の実態によって、略年表⒁⒅㉓に見るように三回の改定を経て、現在に至っている。

戦後の義務教育期間の延長、進学率の向上、新聞・ラジオ・テレビなどのマスコミの発達等の諸条件を考慮すれば、終戦直後の混乱期[5]に比べ、現在の国民全体の読み書き能力は、間違いなく上昇している。政府のとった国語施策も、その上昇にあずかって力があったと考えてよいだろう。

おわりに

今後に残された漢字施策等について注文事項を列挙する。

【国語審議会】　「鷗―鴎」「瀆―涜」のように、表外字の字体が新聞により、またワープロ・パソコンの機種により不統一になっている現実がある。現在、国語審議会ではこの問題を審議中と聞く。しかし、字体の問題は、教育界・印刷界・出版界など各方面に甚大な影響を与えるので、慎重のうえにも慎重な審議を期待する。拙速な統一だけは絶対に避けてもらいたい。

【人名用漢字】　法務省は、これまでに数回、人名用漢字の追加をしているが、今後もそれが続くとなれば問題である。人名用漢字は時代の流行とも関係するので、今後も追加の必要が生じるに違いない。それなら一方で、現行の漢字表から不要になったと思われる漢字を削除すべきである。これ以上字数が増えることは、実用の上からも、役所の事務能率の上からも望ましいことではないからである。

【新聞界】　常用漢字表に従えば「箇所・箇条」「遵法」と表記すべきであるが、新聞界だけは「個所・個条」「順法」と書く。これは、補正資料（47ページ参照）の残党にすぎない。新聞界は、一日も早く常用漢字表に倣うべきである。また、振り仮名を復活させることによって、漢語の交ぜ書きを減らす努力も、期待したい。

【学校教育】　現行の「学年別漢字配当表」は当分このままで不都合は生じないと思う。ただし、それ以外の常用漢字の学習に関して、中学校と高等学校との間に、何ら具体的基準を設けていないのは、学習上の障害になっていると考える。なるべく早く何らかの対策を立てることが望ましい。

注

（1）同書の一節には「ムツカシキ字ヲサヘ用ヒザレバ漢字ノ数ハ二千カ三千ニテ沢山ナル可シ此書三冊ニ用ヒタ

ル言葉ノ数僅二千ニ足ラザレドモ一ト通リノ用便ニハ差支ナシ」と述べている。

(2) 当用漢字表(後に常用漢字表)にない漢字を「表外字」、当用漢字音訓表(後に常用漢字表の音訓欄)に掲げられていない音訓を「表外音訓」という。

(3) 拙稿「新聞用語の五十年」(『日本語学』平成七年八月号)

(4) 拙稿「当用漢字表と語彙」(講座日本語の語彙7『現代の語彙』〈昭和五十七年十一月、明治書院〉所収)

(5) 昭和二十三年に「日本人の読み書き能力調査」が全国的規模で実施された。その結果は、漢字も仮名も読み書きできない者が、全国で一・七パーセント、仮名の読み書きしかできない者を加えると二・一パーセントだった(『日本人の読み書き能力』昭和二十六年、東大出版部刊)。現在もし同様の調査をすれば、少なくとも〇・五パーセント以下の結果が出ると思う。

寺子屋と漢字教育

江森一郎

寺子屋は、江戸時代において読み・書き・算の基礎教育を担った。とくに読み書きの教育が中心で、商業活動がさほどでなかった東日本では、算数や算盤《そろばん》は教えなかった寺子屋も多い。他方、習字指導というかたちで文字教育をしなかった寺子屋は、皆無である。そのことは、寺子屋の先生（師匠）のことを一般に「手習《てならい》師匠」と呼んだことに象徴されている。

近代以後の日本人の識字率の高さの要因が、江戸時代の寺子屋の普及率の高さから推測されているが、確かに幕末期には、寺子屋は相当の普及率であったらしい。明治政府が明治十六年から各地域に命じて調査させた結果では、岩手、茨城、埼玉、香川、愛媛県などまったく調査されなかった県や、熱心な調査員がいた地域しか調べられなかった県も多いにもかかわらず、一万二九一三カ所もの寺子屋が確認されている。近年、元高校教師の川崎喜久男氏による、千葉県内の師匠顕彰碑（筆子塚《ふでこづか》）を網羅的に調べた長年の研究成果『筆子塚研究』が公にされたが、その結果から全国の普及状況を類推すると、幕末には少なくとも五、六万の寺子屋が、全国の識字初歩教育の主要部分を担っていたと思われる。ちなみに、明治中期から現在までの小学校数は、あまり変わらず、約二万五〇〇〇校にすぎない。

さて、近世の日本語は、中世の和漢混淆《こんこう》文の伝統を受けて、仮名交じり文で表記される伝統が定着していたから、寺子屋でも仮名の学習の次の段階として、漢字の学習も当然のことながら熱心に行われた。その実態に迫ってみたい。

実用的だった漢字教育

まず、寺子屋カリキュラムの構成や進度から考えてみたい。習字では、普通「いろは」から習いはじめ、次に数字（一から十、および百千萬億と、最後に「めでたく候」の五字を加える）、『名頭《ながしら》』『国尽し《くにづくし》』へと進み、さらに『江戸《えど》方角《ほうがく》』（江戸やその周辺地域の寺子屋の場合）あるいは『村名《むらな》』（村付《むらづけ》、村尽《むらづくし》）や『郡名《こおりな》』（郡付《こおりづけ》、郡尽《こおりづくし》）、『商売往来《しょうばいおうらい》』『消息往来《しょうそくおうらい》』『庭訓往来《ていきんおうらい》』などの往来物《おうらいもの》へ進むのが一般的なかたちである。将軍家や藩当局がカリキュラムの細部まで統制する時代ではなかったので、師匠により、また子どもの家業や地域性によって、もちろん多少のカリキュラムの変更は自由に行われた。

以下、漢字学習が始まる『名頭』以下の代表的教材の冒頭の部分のみ書き出し、簡単な解説を加えておく。

寺子屋での学習の様子を伝える資料（『天保改正世話字往来』より）
資料提供　筆者

名頭　源、平、藤、橘、孫、彦、伝、吉、伊、半、徳、武……で始まる、姓や名前によく使われる漢字集であり、二百数十字である。中国で宋代のはじめに作られたといわれる『百家姓《ひゃっかせい》』の影響があったと思われる。最後のほうでは左衛門、右衛門、兵衛、太夫など二字句や三字句が入っている。いずれにしても当時最もよく見られたはずの漢字ばかりで、初めての漢字学習教科書としてよく工夫されたものといえよう。

国尽し　五畿内（山城、大和、和泉、摂津）のあと、東海道、東山道、北陸道……と分類して旧国名を列挙したものである。

江戸方角　御城外（ごじょうがい）、東者和田倉門（ひがしはわだくらもん）、八代洲河岸辰口（やよすがしたつのくち）、呉服橋（ごふくばし）、日本橋（にほんばし）、南者霞ヶ関（みなみはかすみがせき）、虎御門（とらのごもん）とつづく、江戸に住む者なら覚えなければならない基本的な地名類が、東南北西の順に列挙されている。語調が読み易く覚え易くなるよう工夫されている。

村名・郡名　それぞれの地域の寺子屋周辺の村や郡の名を書き綴ったものである。地方ごとに独自のものが作られ、使われた。江戸では、多くいま述べた『江戸方角』が使われ、京都や大坂では、それぞれ『都名所往来《みやこめいしょおうらい》』や、『浪花往来《なにわおうらい》』が多く使われ、いずれでも村名や郡名は習わないなど、地域によって使われた教材に大きな相違があった。

商売往来　凡商売持扱文字（およそしょうばいもちあつかうもじ）、員数取遣之日記（いんじゅとりやりのにっき）、証文注文請取（しょうもんちゅうもんうけとり）、質入算用帳（しちいれさんようちょう）、目録仕切之覚也（もくろくしきりのおぼえなり）、先両替之金子（まずりょうがえのきんす）、大判小判壱分弐朱（おおばんこばんいちぶにしゅ）……。やはり覚え易いように語調が工夫されている。

これは、商人向けに商業にかかわる用語、産物名や熟語を多く盛り込んだ文章であり、元禄期に京都の堀流水軒《ほりりゅうすいけん》によって作られて以来、最も全国に普及した寺子屋の中級教科書である。文章の合間に商業に関係する用語や代表的商品名がずらずらと並べられているのが特徴である。

江戸時代後期には、「名頭と江戸方角と村の名と、商売往来これでたくさん」といわれた。手紙を書くための次の段階の学習は、庶民にはまだ不用と思った人も多かったようだ。

消息往来　凡消息者、通音信近所遠国、不限何事、人間萬用達之元也。先書状手紙取扱文字、一筆

啓上仕……（およそしょうそくは、きんじょえんごくにいんしんをつうじなにごとにかぎらずばんようをたっするのもとなり。まずしょじょうてがみとりあつかうもじ、いっぴつけいじょうつかまつり）……。

そもそも「往来」の原義が手紙であるように、手紙のやり取りのできることが、寺子屋での学習の最大かつ最高の目的である。ここでは、手紙に普通使われる熟語を網羅しつつ文章化されている。手紙文書きの入門の書といえる。

庭訓往来　春初御悦（はるのはじめのおんよろこび）、向貴方先祝申候訖（きほうにむかってまずいわいもうしそうろうおわんぬ）、冨貴万福猶以幸甚〱（ふっきばんぷくなおもってこうじんこうじん）……。

これは、中世知識人の季節ごとの行事をふんだんに取り入れた手紙文であり、内容は今までの往来とは違い、庶民の日常からやや離れ歴史的なものが多くなる。この学習で全国共通の書簡文（候《そうろう》文）の形式を身につけるのである。ここまで習得すれば、普通の庶民の寺子屋の学習は終了である。

習い方あれこれ

「いろは」は仮名の練習の教科書であるが、それ以降の教材では、ほとんど漢字の熟語の練習ばかりである。しかも、その練習のはじめに位置する『名頭』『村名』『国尽し』に出てくる漢字は、今日の検定済教科書のように、画数の少ない易しい漢字ばかりではない。身近で実用的な知識の早期習得を第一目標として、漢字習得が行われていたのである。これはこれで、一つの合理的な教育ともいえる。明治維新後もしばらくは、近代学校の抽象的学習を庶民が嫌い、寺子屋へ子どもを入れたがった理由がわかる気がする。

子どもは師匠から以上の内容の手本を少しづつもらい、それに真似て書くことをくり返し練習する。師匠はそのための「折手本《おりてほん》」を書いてやることが大きな仕事であった。また、通学者数百人を擁する大きな寺子屋の師匠は、反対側から子どもの字を指導するという特技を身につけていたという。

子どもは、はじめの「いろは」の段階では、草紙一枚に二字または四字を書いた。『名頭』などになると六字、『江戸方角』は九字、『商売往来』は一二字、『消息往来』になると一六〜二〇字などとほぼ決まっていた。学習進度は、同じ部分を四日から六日間反復練習させ、最終日に清書させる。基本的にこのくり返しだが、六月や年末には、半年または一年間の総決算として、半年（一年）分の手本をすべて対象とする「大浚《おおさらい》」を行う場合も多い。貧しい地域では、初歩の段階では、砂や灰に書く「砂習い」「灰習い」も行われたが、寺子屋に通うほどの子どもは、普通は二〇枚の草紙綴《つづり》を持参して習った。草紙は何回も使用するので、真っ黒になり、一度最後まで使うとびっしょりと濡れ、庭の竹ざおなどで干した。その間は別の草紙綴で習い、どれも使用不可能になれば、休憩や遊び時間であった。当時の憶《おも》い出話によればサボりたくてわざと水をかける不心得者もいたという。子どもは草紙綴は、一〇冊くらいは持っており、各自の書物箱に保存した。

寺子屋は、手習いを中心とした学校であるから、行事においても手習いが随所に取り入れられている。とくに、一般的だった正月の「席書《せきがき》」と夏の「七夕《たなばた》」は、大きな寺子屋では代表的な行事として、いずれも漢字習得に大きく関係していた。また、寺子が村祭に神社へ幟《のぼり》を奉納する場合も多く、その出来栄えを村人から批評された。これも漢字教育に大いに関係している。

席書は、江戸では一般に四月と八月に行われたが、正月の書き初《ぞ》めも重要であった。入学式も卒業式もない寺子屋では、これらは最も重要な行事であり、師匠は裃《かみしも》か羽織袴《はかま》で端座《たんざ》し、寺子を一人ずつ呼び出して、二、三字から七、八字の大字を書かせ、それらを教室内に飾りめぐらす。あるいは、近所の天神社へ張り出す。それを父兄や通りすがりの人が鑑賞し、批評する。これは寺子屋の教育成果が世に評価される大事な行事だった。寺子屋の実態把握を全国的に行った乙竹岩造《おとたけいわぞう》の大正期調査でも、過半数の寺子屋で行われていたとされている。

七夕は、寺子屋の行事としないところもあったが、行ったところのほうが多い。このとき書くべき漢詩や和歌は「七夕の詩歌」としてだいたい決まっていた。和歌の例を示すと、「草の葉に今日とる露や七夕の、秋の手向《たむ》けとなりぬべきかな」「天《あま》の川遠くあらねど七夕の、君の船出を年にこそまで」などであり、これらを自分の願いごととともに短冊に何枚も書き、それを寺子屋の軒頭《けんとう》の竹ざおに飾った。

漢字習得の広がり

寺子屋での「読み」の教育は、入学の二、三年後から始めるのが普通だったらしい。先にも触れた乙竹岩造の研究での「読み」に使った教科書の全国的集計によれば、書くための教科書を再び「読み」の教科書として使っている例も多いが、上位一二位までに漢籍がなんと七種まで挙がっており、驚きである。寺子屋のなかには、漢学の手ほどきも多少した場合があったことは知られているが、庶民の一般的な寺子屋では、漢籍は教えないものと思われてきた。しかし、中国六朝《りくちょう》時代の四字句の韻文で習字の手本とされた『千字文《せんじもん》』も全国的に多く使われていたし、四書の国字解《こくじかい》（日本語による平易な解釈）である『経典余師《けいてんよし》』のたぐいが、江戸期後半には何種類も出版されたことを考えると、庶民の漢籍学習がかなり浸透しはじめ、寺子屋でも漢籍の著名な部分は、暗唱させたことも想定される。残念ながら、この点はもう少し時間をかけて調べないと明確な判断ができない。

当時の女子教育における漢字の習得も、平安時代以来の仮名の伝統の強い影響下にありながらも、江戸時代後期になるほど重視されるようになってきた。江戸初期の朱子学者、貝原益軒《かいばらえきけん》は、『和俗童子訓《わぞくどうじくん》』（一七一〇年）の「女子を教ゆる法」のなかで、「七歳より和字をならはしめ、又、をとこもじをもならはしむべし」とすでに述べている。中野節子氏は『考える女たち』（大空社、一九九七年）では、江戸時代後期になるほど女子の漢字習得が盛んになったことをかなり詳細に考証している。

江戸時代後期には、出版の種類も部数も飛躍的にふえていった。往来物も「合本《ごうほん》」といわれる大冊が男子用・女子用とも何種類も出版され、手習いや読みの教材になる代表的なものはすべてといっていいほど、これらに集成されている。また、漢籍の国字解も同様であり、絵抄や画本、絵本も多く出版されるようになる。これらには難解な漢語や漢字が奔放《ほんぽう》にかつ多数使用されている。葛飾北斎《かつしかほくさい》（一七六〇～一八四九）の『絵本庭訓往来』や『絵本女今川』『画本千字文』『絵本孝経』『絵本忠経』、他の画家も動員された『唐詩選画本』などは、こういう流れのなかで書かれた。これら北斎のものは、絵の部分を中心に、永田生慈氏により『北斎の絵本挿絵』（全三巻、岩崎美術社、一九八七年）として復刻されているので、現在は容易に目にすることができる。

こういう文字環境から考えると、庶民は、『節用集《せつよう》』や『小野篁歌字尽《おののたかむらうたじづくし》』などの漢字手引書などの字書類を手がかりに、寺子屋卒業後も長い時間をかけて漢字やその熟語を自習・独習していった部分も多かったと思われる。

楷書の普及と近代

『幕末・明治萩城下見聞録』（林茂香、原著一九二八年）という本のなかに、幕末の萩（現山口県）城下の教育・文化状況について貴重な記述がたくさんあるが、このなかで、次のような部分がある。

当時の書体は御家流《おいえりゅう》とも俗様《ぞくよう》とも云ふのであって、公私一般に此の書体であつた。草場居敬先生が願書とか届け書きとかを楷書《かいしょ》で書いて出した所が、書体違式《いしき》で却下された。先生が「自分は書を以て聘《へい》せられ、書を以て知行《ちぎょう》を貰つている身分であるのに、その書が通用せぬとありては毛利家に御奉公はできぬ」と云ひ出したので、遂に詮議の上、其願届書が受理されたと云ふ話を何かの本で見たことがある。実際何百年も俗様が行われてきたので、其時代には楷書の読めぬ者が多かつたろう。古き書類の中にも俗様者流の書いた楷書には字画の満足なものは少なく、また手習場の先生の書いた手本の文字にも其のくずし方に間違ひが沢山ある。

ここから、本稿に関係してわかることは、(一)楷書が幕末にもあまり普及していなかったこと、(二)習字の専門家である手習師匠も行《ぎょう》、草《そう》書の崩しが必ずしも正確ではなかったということである。楷書の普及は、明らかに近代学校の賜物であった。また、その字画一つ一つの相違で正誤を明確にし、試験で点差をつけるのは、近代学校の試験制度の賜物であった。正しい仮名遣いを国家的に確定し、それ以外のものを排除したのも、近代になってからである。教育漢字、当用漢字、名前のみに許される漢字などを制限する政策も、もちろん近代の産物である。私からみると近代社会では、文化のすべての面で「合理化」と「差異化」を究極まで推し推めようとする内部装置が機能している。漢字教育の面からも、その功罪を再検討すべきであると大方が考えるようになりつつあるのではなかろうか。

近年はコンピュータの高度化により、江戸時代の版本や書状がもっていた、漢字の美的価値までも再現できる機会が到来しつつある。

なお私は家蔵の往来物の一部をインターネット上に再現している。(http://kaidou.ed.kanazawa-u.ac.jp/index.html)私のホームページには、往来物の専門家の小泉吉永氏へのリンクなどもある。

Ⅱ

鼎談　コンピュータ時代の漢字

コンピュータ時代の漢字

——漢字の国際コード系をめぐって

松岡榮志
伊藤英俊
マーティン・テュールスト

松岡——これからコンピュータ処理における漢字ということで、国際コードにおける漢字の現状と将来についてお話をしたいと思います。一九九三年に、ISO（国際標準化機構）においていわゆる「ユニコード方式」を採用した国際文字コード規格 ISO/IEC 10646-1:1993（UCS）（以下「10646」）が制定され、それが内外にさまざまな議論を呼んでいます。私たちはある意味でそういった文字コードの規格を作り整理する側なんですけれども、そちらの側から「全般的な問題としてこういうことがある」とか「ユニコード方式とは何だろうか」とか「10646という規格にはどういう問題があるか」というような認識を、一般のかたにももっていただけたら、と思っています。

伊藤——私は今、ウィンドウズNT漢字処理技術協議会という、自治体向けシステムなどのユニコード方式での実用化を進める協議会のワーキンググループリーダーをしています。先日も日本新聞協会に行って、ユニコードについて、長所や問題点はどういうところで、それを自分たちがある目的で使おうとしたときにどんなことに考慮すべきかなどについて講演をしてきたところなんです。ほんとうにそういう方式に決めてしまっていいのかどうか、誰も自信をもって結論がだせない。そこで今みんな悩んでいるんですね。

コンピュータは漢字を滅ぼさない

松岡——私も先日ある雑誌社の取材のさいに、「ユニコードとか10646というものができて、それは外国から押しつけられていて、規格の中に入れられる文字が少ない。それで日本の文字が外国から制限をされたりして、日本人は非常に不自由になるのではないか」ということを尋ねられました。いきなり「先生、漢字はなくなってしまうんでしょうか」といわれてびっくりしたんです(笑)。

また、『現代中国漢字学講義』(三省堂、一九九七年)という本で私は「見よ、漢字は二十一世紀へ」という帯《おび》のコピーを書いて、それでまた取材をされたんですが、たぶんそれは記事にならないと思います。なぜかというと、取材する側は「漢字は二十一世紀に消滅する」と思い込んで話を聞きにきたけれども、私の話だと逆になくならないということになって、話が合わなくなってくるから(笑)。

要するに彼らとしては、タイトルとして「漢字は滅びてしまう」「日本人にとって非常に不便になるんだ」という記事で、警鐘を鳴らしたいという意図があるんですね。ところが私が「確かにそう

ユニコード方式と ISO/IEC 10646-1:1993(UCS)（通称 10646）

コンピュータが搭載する基本的な文字コード（符号）表は、かつては各企業により独自に作成されていた。その後ISO（国際標準化機構）のガイドラインに沿った各国の文字コード規格が制定されたが、国際間、企業間での互換性はほとんどない状態であったと言える。ところが近年の世界的なコンピュータ利用の進展により、国際間のコンピュータでの情報交換の必要性が急激に増大し、ばらばらなコードを使い続けることが不都合な状況となると、世界中の文字を搭載した国際間共通のコード表（後に「万国符号化文字集合(UCS)」と呼ばれるようになる）を作成しようとする動きが起こってきた。

UCSの検討は1984年ごろからISOの専門委員会で開始され、90年にはDIS（Draft International Standard）が完成、可決された。一方、ほぼ同じころアメリカのメーカーで同様な国際間共通コードの検討が進められていた。それが「ユニコード（Unicode)」方式であり、91年にはアメリカのコンピュータ関連企業が集まって「ユニコード・コンソーシアム（Unicode Consortium)」が結成された。DISの可決直後、ISOに対しアメリカからユニコード方式が反対提案され、DISは逆転で否決された。そこで改めて91年に「CJK-JRG（China, Japan, Korea - Joint Research Group)」というワーキンググループが結成され、議論が継続されることになった。

ユニコードの案「Unicode standard」は、コンピュータ処理が比較的行いやすい2バイト（16ビット）単一の符号系を基礎としていたが、この符号系は、欧米圏のアルファベットのように必要な文字数が比較的少なくて済むものには十分対応するのに対し、漢字のように文字数が多いものの場合にはコードの割り当て数が不足する、という事態が生じた。ユニコード方式ではこの問題点を解消すべく、それぞれの国で慣用される字形にわずかな違いがあっても、それは“字形のゆれ”であると見なし、似ている形の文字を統合（ユニフィケーション）して同一コードを振った。この対応が「各国固有の文字を乱暴に統合した」と物議をかもすこととなったのである。

その後の議論の結果、最終的にはISOでのユニコード方式の採用が決定し、93年にそれをもととした符号系「ISO/IEC10646-1:1993(UCS)(通称 10646)」が制定された。現在はこれが国際標準とされている。ユニコード方式そのものについては、96年の改正により100万文字以上が定義できるようになり、拡張性の問題は解決されつつある。

いっている人はいるが、それは必ずしも事実ではない」と説明すると、「なるほど。でも、わかりすぎて記事になりませんね」というわけ(笑)。

私はむしろ、「問題点はなくはないが、実際には全体として非常に健全な方向で進んでいる」という話をしたんですけれども。

伊藤――ユニコードはどんなもので何が問題なのか、一般の方々はほとんどご存知ないですよね。まずその話をしておきませんと。ユニコード方式は、「2バイト」という情報量で表現できる約六万五〇〇〇のコードポジション(符号数)に世界中の文字を割り当てて、このコード系一つで世界中の文字を使った情報交換の処理をしようと考えられたものです。欧米のアルファベット系言語は文字数が少なく、共通に使われる文字もあるので、当然少ないコード数のなかに収まった。ところが漢字は数があまりに多く、使用している各国の漢字に別々のコードを振ると、コード枠をオーバーしてしまう。だから数を制限する目的で、本来違うはずの日本の漢字や中国の漢字などを、形が似ているものについては同じコードを振って乱暴に統合(ユニフィケーション)してしまった。そこが最大の問題なんですよね。そのために使う面でいろいろ障害があるので、きちんとした対応を考える必要があると私は思うわけです。

松岡――まず一般に誤解を生んでいるのは、ユニコード方式にはアメリカの企業戦略があって、10646はそれをそのまま採用してしまった、それを日本において規格化したJIS(日本工業規格)の最新版、JIS X0221についても同じだと思われている点です。だから、「ペリーの黒船のような外からの侵略」というような、日本では一般受けのする言い方をよくされる。その意味で「日本を守らなければならない」というのは、すごく話題になりやすいですね。

ただ実際には、専門家の立場からいえば、漢字の部分については非常に大きな違いがあるんです。少なくとも当初のユニコード方式では統合した代表字が提示されているのにたいし、１０６４６では、同じコードにはなっているけれども、中国（G）、台湾（T）日本（J）韓国（K）の字がそれぞれ並列して表記されたかたちになっている、という点をみても、決定的な違いです。でも非難する人たちからいえば、これらは同じものであると。私もそこが誤解の元なんだろうと思うんですけれどね。

JIS（日本工業規格）漢字コード

漢字に対して初めてコードを振ったのは日本であった。当時の当用漢字や人名漢字を基本に、それ以外の漢字についても使用頻度の高いものを選んで構成された「JIS C 6226-1978 情報交換用漢字符号系」（6802字）が、1978年に初めて制定された。なお、これについては、当用漢字に代わり81年に告示された常用漢字をベースに、83年に第一次改正が行われた。

87年、JISに情報処理部門が新設されると、既存のJIS漢字コードもこの部門に移行される。これが90年の第二次改正により、「JIS X 0208-1990 情報交換用符号」（第一水準漢字2965字、第二水準漢字3390字の合計6355字。以下「0208」）となった。その後、第一水準、第二水準だけでは少ないとして「JIS X 0212- 補助漢字」（5801字）が制定された一方で、現在これとは別に第三、第四水準作成の動きも出ている。0208本体については、97年1月の第三次改正で「JIS X 0208:1997」（7ビット及び8ビットの2バイト情報交換用符号化漢字集合）という名称となっている。

一方、ユニコード方式に基づき1993年に制定された10646が、日本においてJISとして規格化されることになった。これが95年制定の「JIS X 0221 国際符号化文字集合」（CJK統合漢字は20902字。以下「0221」）であり、0208という既存のコード系と、0221という新しいコード系の二つが日本では並行して存在することになった。ただし実際には、国内で使う限りにおいては既存のコード系である0208でさしたる問題がなく、0221の普及については今後の動向が注目されるところである。

テュールスト――確かに、表示と説明のしかたで両方とも違いますが、これはあくまでも印刷の違いで、内容は変わりません。１０６４６では国や地域ごとに代表の字形をだしているのにたいし、ユニコードでは一つの字形しか印刷されていませんが、どちらも代表されているものそれ自体は同じなんですね。

松岡――代表字を提示するかしないかということが、１０６４６の制定にあたっての最大の問題点だったわけですよね。

テュールスト――日本の従来の規格 JIS X0208にしても、以前は代表字一つしかなかったけれども、一九九七年の改正版ではわかりやすいように包摂規準を細かく説明し、代表字以外にもいろいろな字形が搭載されています。ただ、それでも文字の大きさ、太さ、書体などの違いがあり、すべてを説明しきれていないのが実状ですけれども。

松岡――代表字というかたちで何か一つ提示しなければ、実用という点からは非常に使いにくい。１０６４６では、実際は統合した代表コードの横に対応する各国の字を並べました。しかし、ではそれをどう使うんですかという問題になると、何も言わない。私たち委員会では、とにかく実用については議論しないということだったんです。これは私たちの委員会の仕事ではないと。だから逆にうまく使えないということになってしまいました。

テュールスト――実際に使ってみるとそんなに問題ではないということがだんだんわかってくると思います。ユニコードに基づいた製品はすでに世界でたくさんでていますし、あとはどのくらいの速さで普及するかが注目されるところですね。

伊藤——日本はユニコード方式に反対だった。私も反対だったが、その方式で国際標準が決まった以上は、その範囲内で最善を尽くして、よりよいものを作ることが技術者の義務だと私は思っています。

人名処理の問題

伊藤——コード表と漢字の問題を考えるにあたって、論点として必要なのは、日本の普通の文章のなかで、いったいどれだけの漢字が必要なのかということ。私が例えば松岡さんに手紙を出すとします。そのなかの字体に、旧字を使っていようが新字を使っていようが、読むうえでは大した問題にならない。ただ、松岡さんは、お名前の「榮」という字も古い字を書かれますね。私が仮に「栄」という簡略字を書いて出したとしたら、「あいつ、けしからん」と思われるかもしれませんが。

松岡——私はあまり思わないんですけど、思う人はいますよね。

伊藤——手紙のようなレベルだと、せいぜいそのくらいで、ともかくその文章の意図は、旧字であろうが新字であろうが通じる。要するに国語というのはそういうことがあたりまえにある。

ところがもう一方で、コードというのはコンピュータのなかでのツールとして働くわけで、あらゆる分野に応用される。そのなかで、例えば住民情報処理や戸籍処理のように、文字について法律や規則でさまざまな規制を受けているアプリケーション(応用分野およびそれを処理するソフトウェア)があります。戸籍簿の文字は手書きで処理されてきたために多くの俗字や誤字を含んでいる。しかしそれを職権で勝手に正字に直すことは、本人に文書で同意をえないかぎり、今はできないことになっています。

テュールスト——人の名前は非常に大切な問題だと思いますが、そこはもうコード表ではたぶんカバーしきれないのではないかと思います。そういう部分は、例えば元の戸籍をスキャナで撮《と》ってしまって、絵として、画像(イメージ)で処理すればまったく問題なくて、個人が細かい部分にもいろいろにこだわってやりたいようにできるということでいいのではないかと思います。逆に法的な意味のないところでは、適当な普通の字をそのまま使ったほうが便利なのではないでしょうか。

伊藤——従来のコードで字体を定めていないものについては、代表字でいいでしょうとおっしゃっているわけですね。まさにそのとおりで、字体を決めていないからこそ、各社がほんとうに勝手に、自分の流儀でコード表を作ってしまった。ワープロで手紙をやりとりする程度ならいいですけれども、戸籍とか住民情報の例もありますし、いろいろな処理をしようとすると、やはり問題になるんですよ。だから、どういう目的を念頭においているかということを常に前提にして議論をしないと、議論が噛み合わなくなってしまうと思いますね。住民情報処理で、例えば今私がA市にいて、今度B市に転居するといったときに、現行ではA市に行って転出届を出して、転出証明を取って、また今度はB市に持っていって、B市で転入届をする。そういうものをほんとうは、オンラインでコンピュータ化してしまえば簡単に処理できるのに、そうはなっていないんですよ。これも人の名前など字体が定まっていないもののせいです。それを画像で扱えばいいというけれど、処理の性質上データ量が膨大になるので、やはりまだ扱いとしては適切ではない。書類における漢字の処理にかんしては、どうしてもキャラクターコード（文字符号系）のような形になったものを使いたい。そうしたときに今のような、新たに作成しなければならない外字が問題ですよね。だから外字だけは、結果的には画像を併用しなければいけないのかもしれないですけれど。

テュールスト——画像として処理するさいにデータ量が多くなるという点は、今ではデータを圧縮する技術があるので、もはや問題ではないと思います。問題は行政と業者にあるのではないでしょうか。自治体はコンピュータを買うときも中央の許可が必要でしょうが、中央でほんとうに必要な調整はあまりされていなかったみたいです。各自治体が閉じたシステムを作り、業者は顧客との関係を固めようとして、今のオープンな時代への対応に遅れたのではないでしょうか。

文字を対象とした研究への影響は？

テュールスト——戸籍以外に、例えば漢字そのものや書体設計についての議論や、学術研究の場合にも、似たような問題がありますね。どんなに文字の多いコード表でも収めきれない字が出てくる。でもそこで収録可能な字数をふやせばいいかというとそうではない。いくらふやしても議論が細かくなればまた足りなくなる。それに気づけば、そんな考え方は早く捨ててしまったほうがいいということもわかります。

例えば、中国の「骨」という漢字と日本の「骨」という漢字には形にちょっと違いがある、というような典型例がありますが、しかしそれをほんとうに文字として区別しないといけないのは、純粋に文字についての議論の場合だけで、普通の文書のなかでは書体が変わるのと同じことです。

伊藤——確かに、文字の研究、字体の過去の歴史の研究を文献に残そうと思うと、いろいろな字体が

規格書表記方法の相違

ISO 10646の規格票の一部。同一コードでも中国（C），日本（J），韓国（K）それぞれの漢字が視覚的に認識できるようになっている。

ISO10646

Row/Cell Hex code	C G-Hanzi-T		J Kanji	K Hanja
154/168 9AA8	骨 0-3947 0-2539	骨 1-586C 1-5676	骨 0-397C 0-2592	骨 0-4D69 0-4573
137/210 89D2	角 0-3D47 0-2939	角 1-4B45 1-4337	角 0-3351 0-1949	角 0-4A47 0-4239
082/003 5203	刃 0-4850 0-4048	刃 1-4443 1-3635	刃 0-3F4F 0-3147	刃 0-6C53 0-7651

ユニコード原案の一部。それぞれの漢字について一つの代表字を提示したうえ，該当する漢字の各国におけるコード番号を一つのコードへと統合している。

Unicode

9AA8	骨	G 0-2539 J 0-2592 F	B B0A9 K 0-4573 A 216152	C 1-586C I X 246：167
89D2	角	G 0-2939 J 0-1949 F	B A8A4 K 0-4239 A 215833	C 1-4B45 I X 244：320
5203	刃	G 0-4048 J 0-3147 F 44B3	B A462 K 0-7651 A 213351	C 1-4443 I X 261：157

でてくる。ただ、今テュールストさんがおっしゃった、字体ってそんなに敏感にならなくてもいいんではないかという点ですけれども、技術者の立場で反論させていただくと、私は昔台湾にコンピュータを納めたことがあるんです。

やはり台湾ですから、日本の漢字ではだめなわけですよ。しかも当時まだ台湾では、漢字コードがいろいろ議論されている途中で、まだ台湾としての漢字コード表が決まっていなかった。だからともかくそれをかりに決めてしまわなければならないというので、向こうの行政機関といろいろ話をしながら、一万三〇〇〇字ほどの漢字セットを決めて、文字も向こうの人たちに作ってもらいました。

そのときにわかったんですが、台湾では、例えば「月」という字について、お月さんの「月」と、部首の「にくづき」として表れる「月」とで、それぞれ厳密に区別をしていた。学校でもそのように教えていたんです。われわれがその「月」の字が要素として入っている日本の「骨」という字をコード表に入れて台湾に送ったら、当然完全に拒否されます。だから、テュールストさんがおっしゃるようにはならないんです。

国語と文字との関係は?

テュールスト――確かに文字を画面にだしたり印刷したりするときに、言語情報――それがどの言語であるかについての情報――も関係してきます。アルファベットを用いる欧米諸国でも似たようなことがあります。漢字に比べ、その差にすぐに気づくというほどのことでもないですが、新聞、雑誌、本などを見ると、言語によってこだわる書体、こだわる字形は欧米にもやはりあります。これはアジアにおける漢字と少し似ていると思います。しかしここでいう文字とは、フランス語の文字とか、ドイツ語の文字とかではなくて、やはり単なる文字ですね。文字そのもの。それが現実には共通して使われているように、そこにはもはや言語の議論は出てきていないと私は思うんですね。

松岡――アルファベットについていえば、確かに一つ一つの文字については、ドイツ語のウムラウトとか一部の例外以外は、言語情報というものをもっていないですよね。

ところが漢字というのは、アルファベットと決定的に違う部分があって、いわば語を表す文字です。言語情報の軽重は、漢字の場合には、文字によって違うんだろうと思うんです。例えば「竹」という字のように、各国間でほとんど差のないものもあれば、「骨」のようにまったく違うものもある。

テュールスト――欧米でも、例えば普通の小説の本などを見れば、やはり書体、文字そのものが、フランス語でよく使われているものとドイツ語でよく使われているものとで違うんです。それを「まったく違う」ともいえますよ。逆に、日本、中国、台湾それぞれの「骨」を見ても、それらが同じ漢字の変形であることは、みんなすぐわかりますよね。

漢字の場合、日中韓で同じ漢字が三つもコード表にあるのが、ほんとうに使いやすいのかというとそうでもないと思いますよ。同じ漢字どうしでユニフィケーションをしない理由が、そうする努力が惜しいという単純な理由だったのであれば、頑張って結果をだしたことは非常によかったと思いますね。

松岡――欧米の人たちは漢字を使わないからそういった漢字の議論にあまり関心がない、という基本的な印象をもたれがちですよね。ＩＳＯでの話し合いのときも、当事者であって現在も漢字を使っている国と、韓国のように現在はほとんど使っていないけれどもかつては使っていた国などで、ＣＪＫ－ＪＲＧ（66ページコラム参照）というジョイントグループができて、そこでコード表の原案を作りましょうということで始まったんだけれども、実際１０６４６のようなものができてみると、それでもかなり漢字が場所をとっていて、だから欧米の人からは絶えず「なぜそんなにたくさん入れようとするのか、数が多すぎる」というようなことをいわれる。

テュールスト――昔はそういわれたかもしれませんが、最近はそんなことはないと思います。やはりユニフィケーションをきちんと行って無駄をなくしたわけで、そもそもそういう数字の議論はよくないと思います。例えばあのスクリプト、あの言語は文字が多いから、コード表においても場所が多く必要だというのは、誰でもだいたいすぐわかってくれると思います。

伊藤――欧米のユニコード推奨者のなかには、漢字を知らない人ばかりなのかといったらとんでもない失礼なことで、私ども以上に漢字の字体の話を、しかも日本語でする。日本人と話すときには日本語で話し、韓国人と話すときには韓国語で話し、中国人と話すときには中国語で話すような人までいる。そういう人々が議論しているんだから、漢字を理解もせずに勝手なことをやっている、ということでは、決してないいんだけれども。

ユニフィケーションについて

松岡――結局、ユニフィケーションということが、非常に議論の中心になっているわけですが、こういったユニコードや、１０６４６や、ＪＩＳの最新版が出てきた理由については、時代の社会的な流れのなかで、ニーズというか、必要性がかなりでてきたからだと思うんですよね。

テュールスト――実は日本でJIS X0208（第一、第二水準）ができたときに、日本で使われる漢字のなかでもうすでに非常に実用的な基準でユニフィケーションが行われていました。ＪＩＳの基準はその後のユニフィケーションの基準にもなったんです。それをよくみてみると、非常に現実的であることがわかります。一般の人が文章を読んでも気がつかないぐらいの字形の差だったらユニファイし、小さい差でも字が違えば別にし、差が大きければ、漢字の専門家でない限り同じ字と判断できないものについても、やはり別の字にしました。

松岡――ただ、例えば「なべぶた（亠）」という部首がありますが、これなどはその差にほとんど気がつかないし、日本の国内だけの議論に限ればそれでいいと思うんだけど、中国の漢字にまで視野を広げれば、先ほどの「骨」の場合など、もし日本の新聞社が中国の「骨」で文章を作ったら完全に間違いだし、けっこう抵抗があると思うんですね。

テュールスト――当然間違いですが、読む人が気づかない場合もあるし、気づいてもそれは「骨」という字についての間違いであって何かほかの字と混同しているとは思われないでしょう。字の大きさや太さが違うほうがもっと目につくのではないでしょうか。

それに、日本の新聞のなかで中国の人名や地名に「骨」という文字が入ったら、日本では日本の「骨」の形を使うわけだから、それもある意味で、より大胆なユニフィケーションですよね。

松岡――日本の新聞ですと、中国固有の字でも書き換えてしまうわけですよね。私の勤める大学の先生で、范《ハン》さんという方がいますが、こういう名前の人を日本の新聞が載せるときには、「範」の字に書き換えてしまうんですよ。それなら、鄧小平の「鄧」の字はどうするんでしょうね。

伊藤――中国字の「邓」を、これは「鄧」という字がこうなっているんだと知っている人ならいいですよ。ほとんどの人が知らないわけです。だからこ

「なべぶた」の相違

Row/Cell Hex code	C G-Hanzi-T		J Kanji	K Hanja
078/160 4EA0	亠 0-596F 0-3779		亠 0-5035 0-4821	
078/161 4EA1	亡 0-4D76 0-4586	亡 1-4441 1-3633	亡 0-4B34 0-4320	亡 0-584C 0-5644
078/162 4EA2	亢 0-3F3A 0-3126	亢 1-446D 1-3677	亢 0-5036 0-4822	亢 0-7971 0-8981

の字が出てきたらしかたなく、外字《がいじ》を作るわけですね。
それからもう一つは、例えば中国人の名前でよくでてくる「馮（冯）」という字、この字は簡体字の「冯」ともとの字「馮」とでユニファイしていない、つまり別々のコードが振られていて、しかも元字は「うまへん（馬）」のところにあり簡体字は「にすい（冫）」のところにある。だからデータベースにどちらで登録されているかわからないと、その人の名前が探せないことになってしまう。また、この文字のように、１０６４６に二つの字体があるのかないのかということも、現行のままではわからないという問題もある。

テュールスト――そうですね、それもアルファベットでありうるケースで、どの言語を使いたいかによってきちんと整理されるような仕組みでないといけないですね。漢字を探すときでも、日本の字典ではおもに部首から引きますが、中国の字典や非漢字圏の外国人向けの字典などは、使い方もさまざまですから、電子化すればもっと可能性は広がるわけです。

伊藤――要は、ユニコード方式のいいところを活かそうとするには、例えばこの漢字とこの漢字は同じなんだというようなことを別の情報として追加していかなければならない。それから後は、国語の違いを切り替える、そういう機能をちゃんとアプリケーションなり何なりでサポートする必要もある。

テュールスト――国語の切り替えは、最近のソフトではできるものもあります。例えば仮名があるかないかによってコンピュータが簡単に判別できるような。

松岡――「馮」なら「馮」という字は、今１０６４６を見てもどの字とどの字が対応しているのかというのがわからないので、そういう対応を誰かが考えなくてはいけないということです。これについては、誰もやらないので結局私がＪＢＭＡ（日本事務機械工業会）の委員会で提案して実際にやることになって、去る九月に何とかその第一案が出来上がったところでもあるんです。コードの議論をしているのであれば、やはり自ら手がけて、自分の目で責任をもって確認したものがないといけないと思いましてね。ユニコードにしてもいろいろ批判する向きはあるけれども、「ではいったいその表を誰が作るのか」という問いかけは絶えずでてきますから。

テュールスト――こういうものは、かりに専門の委員会の仕事になったとしても、結局だいたい誰か一人か二人が責任をもってやらないといけないことになりますよね。

伊藤――実際にコード制定に携わる人は大変ですから。

松岡――結局人間がコードを作っているわけだから、ＩＳＯの会議なんかそうですけど、やはり国と国、個人と個人の利害のぶつかり合いになるんですよ。

非常にテクニカルな部分と、そうではなくて情の部分というか、「この字どうするの？」みたいな個別的な部分がある。その点がやはり外部の人には非常にわかりにくいだろうと思うんですけれど。

意味による漢字の整理には限界がある？

伊藤――言葉そのものが文化の違いを感じさせるのは、中国語で例えば「不錯（プーツオ）」という言葉。漢字のまま日本語に直訳すると、「間違っていない、悪くはない」になるんですが、中国語では「いい」っていう意味になるんですね。中国の人がきて一緒に食事をしたとき、「不錯、不錯」っていう。プーツオって、悪くはない。ではおいしくもないいんだなと思ったんだけれど、実は「いい、おいしい」っていう意味なんですね。そういうところが文化の差で、日本人的に、文字をただ打ち消しているのだから「悪くはない」というふうに訳してしまうと、それはいけないんです。

松岡――人により、そのときの言い方により、「悪くはない」という意味にもなるんですよ。ただ、食事のときの「不錯」は当然「おいしいですよ」という意味になるでしょう(笑)。

テュールスト――漢字を意味の観点から整理するという考え方は、やはりそういうところで限界があると思うんですね。言い方によっても人によっても意味が違ったり、一つ一つの漢字には決まった意味があるようにみえても、組み合わせるとまた違うし、歴史的にも変化する。

松岡――「意味」といっているのは、その字が固有にもっているものとしての「意味」というよりも、異体字(同じ漢字でも歴史的に複数作りだされ、結果として字典などに収録されている漢字)どうしでの関係性ということなんです。「意味」によって区別する、「意味」を加味して分けるというのは、異体字どうしに関係性を見出すということなんです。

例えばさっきの「冯」という字を、違う国語で別の字として登録してしまうということが問題なんですよ。登録しておいてもいいけれど、これとこれは同じ字で、日本語の場合はあの字がでる、中国語の場合はこの字がでる、というように、コンテクストにより自動的に切り替わってくれる、そういう仕組みが理想ですね。

それぞれがどういう関係になっているかというリンク（連係）をはっておいてやらないと、普通の人にとっては区別できないですね。そのためにいちいち辞書を引かなければならないことになりますから。

テュールスト――適当なツールがあれば、コンピュータ上で辞書を引くのは早くできます。

伊藤――だから、ユニコードを使いこなしていくためには、やはりそのようないろいろなツールを充実させていかないとだめだと思うんです。今まではその議論をしないで、コードの世界だけである程度終始していた。

松岡――そうです。コード表だけ作ればいいという議論をしていましたね。

データベースにおける漢字

松岡――韓国で近年、高麗大蔵経《こうらいだいぞうきょう》というお経の漢字データベースが作られたんですが、そのとき誤字と異体字の扱い方が一つ問題になりました。同じことは日本でもいえて、例えば、沖縄に中国との外交文書集である『歴代宝案』という記録が残っているんですが、それをデータベース化しようといったときに、何万字も必要になるんではないかという予想があったんです。しかし実際のところそんなにでてこなかった。というのは、そのなかにはかなり誤字があったからなんですよね。歴史学の人たちは誤字も含め歴史資料としてそのまま残すということを絶えずおっしゃるんですけれども、それは画像として、スキャナで撮っておけばいいわけであって、文字資料にするときには、われわれからみて誤字だったら統合していくという必要はあるだろうと思うんですね。そうしないと実際上は読めないわけですよ。

また、データベースの関係でいうと、私によく意見を求めてくる人たちのなかに、図書館関係の人たち、とくに漢字のデータベースを扱っている人たちがいるんですが、彼らは経験的に、ある程度データベースを作っていったときに、より有効ないいコード表がでてきたら、その時点で既存のものが全部だめになってしまうのではないかという点を危惧《きぐ》している。

彼らとしては、やはりたくさんの字を使いたい。結局、JISの補助漢字というものがなぜでてきたかというのには、古典などを扱っている文科系の人たちの、「字が足りない」という声への対応ということはあると思うんですよ。10646には二万九〇二字も搭載できるんですけれど、「あれでも字が足りない」という大合唱が、一方にある。しかし逆に実際の日常生活からみてみると、以前から使われていたJISで十分であるわけです。

漢字データベース、つまり仏教の経典や中国の古典を対象とする場合、文字をたくさんふやさなくてはならないという議論は当然でてくると思うんですね。そこで重要なのは、繰り返しになりますが、そのコード表を使う目的は何かという問題に尽きると思うんです。

伊藤――データベースにたくさんの文字が必要だというのは、古典の書誌のようなものを扱うところでは当然だと思うんですね。そのときに、どれくらいのスキーム（設計）の大きさのどういうコード表を使うか。今のユニコード方式はそれが小さいからだめだというのは、当然なんです。しかし、だからといって「ユニコードの存在自体がだめだ」というのは、全然ナンセンス。それはもう意味が違う。使う目的が違うわけですから。

テュールスト——今のお話のなかで、例えば誤字や異体字だとしか思えないものは、代表字を文章に入れておいて、実はこういう形だとか、ほんとうの形を見たかったらどこを見ればいいかというような情報を付加する、そんなデータベースであれば、おもしろい研究がどんどんできますよね。

伊藤——データのなかに代表字のコードがあるわけですから、それそのものは何の字かわかるんですね。私が主張しているのは、代表字のコードに異体字ファンクションみたいなものを作って、そのうしろに異体字ナンバーで字体を拡張するという仕組みです。それも登録制にして、ちゃんと情報交換してやればいいのではないかといっているんです。

テュールスト——登録制にするよりも、私はもっと柔軟性がある仕組みがあったほうがいいのではないかと思います。

例えば、ある研究者がある字の字形で、その文書が何世紀に書かれたものか判別できることがわかったら、その字形の説明を自分の研究室なりのホームページに載せることができます。文書とそこにでてくる字形をリンクさせれば、読者もわかりやすいし、研究もどんどん発展できるのではないでしょうか。

伊藤——書誌については、そのような形で作っておいて、参照する、リファレンスするような形でもいいわけなんですよね。

字体と書体は区別されない?

松岡――一つ補足しておきたいんですが、日本では明朝体とか教科書体とかいうときの「書体」の概念と、正字であるか誤字であるかというときの「字体」という概念とを分けるんですが、中国では分けないですよね。ゴチック体でも甲骨文字でも、全部同じ基準なんですよ。書家の王羲之《おうぎし》が書いたからこう、欧陽詢《おうようじゅん》が書いたからこう、甲骨文字の著者が書いたからそれぞれこういう字になるというだけのことなんですね。「書体」という概念は、実は日本で活字印刷の技術が確立してからのもので、近代に入ってからのものなんです。

伊藤――確かに日本人は、字体と書体と、もう一つ字形というものと、三つを非常にはっきりと区別してますね。

テュールスト――でも、逆に「字」という言葉の使い方はいろいろあって、結構あいまいですね。例えば字形が違うから「字が違う」ともいいますし、意味が同じだから「字が同じ」ともいうんですね。

松岡――それで、ユニフィケーションについて最初に議論したさいに問題となった、理論的中核である漢字の三次元構造モデルというのは、当初中国側としては「何だこれは」という話だったわけですよ。日本としては非常に科学的に、ロジカルに提案したつもりだったんですけど、中国としたら「書体、字形、字体それぞれの概念の差などわからない」という議論になって。

テュールスト――実際にどこで区別すればいいかというのは、そう簡単な話ではないですね。字体と

漢字の3次元モデル

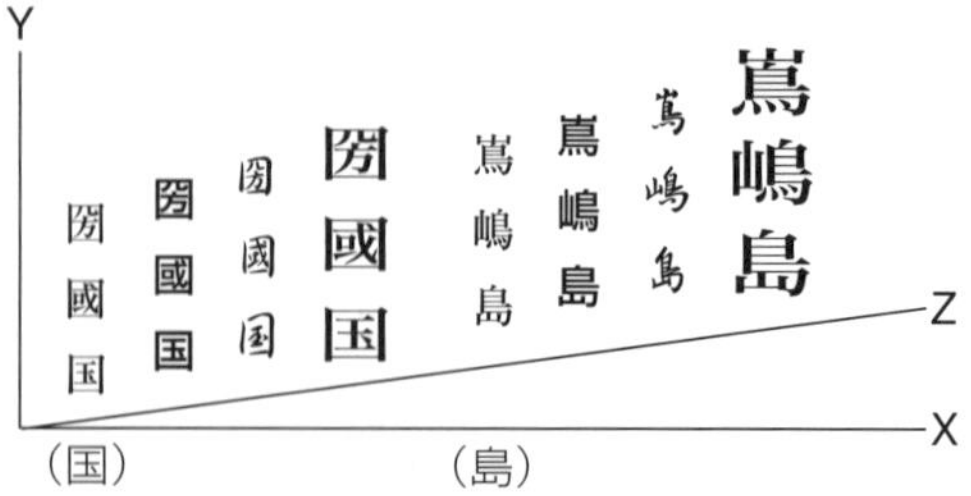

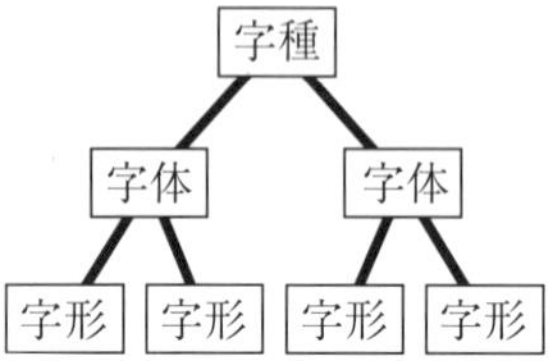

X:ある文字の代表字

Y:Xに対する異体字

Z:実際に目に見える形
(書体,大きさを含む)

ユニフィケーションについて議論する際に「漢字の捉え方」の理論として日本側が提示したモデル。漢字の表記の違いをX(字そのものの違い)—Y(歴史的に複数存在する,字の中での差異)—Z(実際に目に見える字の形)の3つの次元に分割して表現しようと試みた。
(「平成3年度異体字に関する調査研究報告書」(財団法人日本規格協会)より抜粋、伊藤英俊氏編集)

字形の境界線というものは、ある意味ではいい加減ですよね。でも線を引かないとどうしてもうまくいかないですよね。

松岡——日本のその考え方が、日本としてはいちばんスタンダードな、世界共通の漢字の考え方だと思ったのに、実はそれは日本固有の漢字の捉え方だったんですよ。そのモデルは日本では科学的であって、科学的であることは世界共通だと思ったんだけれども、実はそうではなかった。近代に入ってからの概念なのにもかかわらず、永遠の昔から書体と字体の区別があったと、日本人は思ってしまう。

少し広げていえば、日本の漢字のなかで細かい違いがあるといったときに、だから他の国の漢字も含めて、漢字全体でも全部こういう違いがあるんだといってしまうと、必ずしもそうでないということなんです。

一つ非常に象徴的な例が、「いう」という場合の漢字で、「曰」という字と「云」という字がありますね。それを日本の国語学者がかつて、日本の古代の文書を見ていたら、使い分けがはっきりしている、「云う」というときには本のことで、「曰く」といったら人がいっているんだ、「何々曰く」といったらこうだ、使い方が違うんだということを主張されて、中国の学者が来たときに「そうでしょう」と聞いた。そうしたら、「いや、だいたい同じです」という答が返ってきたそうなんです。それで、「中国の学者って何ていい加減なんだ」って、新聞に書いたり、発表したりしたんですよ。

ところが私たちからいえば、歴史的にずっとみていくと、使い方なんて時代によって、またテキストによってばらばらなんですよ。ですから、日本のある時代のなかで整合性のある科学的事実のようにみえることが、中国やアジアという大局的なところへ、あるいはもっと長い時間の流れのなかへ置いてみると、必ずしもそうはいえないということがかなりあるんです。

テュールスト――そうですね。

伊藤――「なべぶた」の例だと、その差は、日本だと字形の差とみるんですね。中国ではそうではなく、日本でいう字体の差だとみてしまうという違いがあるんですよね。そういいながら、字体と字形という概念の切り分けというのは、中国では日本と別なんですね。だから彼らといろいろ話をしていても、そこのところが全然噛み合わない。

松岡――そうですね。そのことを日本の皆さんは、自分の物差しで「中国の人はいい加減だ」と思ってしまう。私は、それは日本人の中国やアジアにたいする情報不足だと思います。理論以前、学問以前のところで――私はよくそれをいって嫌われるんですけど――「外国人は漢字のことはよくわからない」という、日本人の一種の勝手な思い込みがあるように思います。

まとめにかえて

伊藤――きょうは技術者という立場を代表してお話をさせてもらったんですが、昔のコンピュータは、日本の文字を中心に、アルファベットなど最低限必要なものさえ日本のなかできちんと使えればよかったわけです。しかし、だんだん日本も輸出をしていかなければならない。そうすると、相手の国――例えば台湾や中国の言葉や文字に合わせて仕掛けを作っていかなければならなくなった。

国際化が進んでくると、やはり何にしても共通のものを使いたいという話がでてきます。だから当然、今のユニコードのような、何か一つ新しいコード系がないとやりにくいということになる。使いやすいものがほしいという切実な欲求が何にもましてでてきているんです。

松岡――漢字の問題というのは、もはや日本国内だけの問題でないということなんです。と同時に、アメリカと日本の対立でもないし、アジアのなかだけの問題でもない。いろいろな意味での世界的な問題に、確かになっている。

さらにいえば、漢字の処理というのは実は他の国の言葉の処理の問題でもあるんですね。ハングルやタイ文字、クメール文字など、いろいろな国の言葉と文字を処理していくなかの、ワン・オブ・ゼムでしかない。どうも漢字を専門としていると、漢字というものが中心にあって、その周辺にいろいろな文字があるんだと考えやすいんだけれども、漢字も文字数は多いかもしれないけれど、そういうふうに少し謙虚に考える必要があるという感じがしていたところだったんです。

やはり文字とか言葉という点では、みんな平等なわけですよね。ユニコードに代表されるUCS(Universal Character Set. 万国符号化文字集合)の精神には、世界中の文字を全部入れたいということがありましたからね。

大袈裟《げげさ》なことをいうと、第二次大戦後は、各国が内向して、漢字のことも自分の国のなかでしか考えていなかった。ところが今は、日本は日本のなかだけで漢字を論じることができなくなっている。そんな現状が、コードのことに端的に現れていると思うんですね。別々にコードを作っていればよかったものが、もうそれでは立ち行かなくなってしまった。今はネットワークコンピュータという考え方もあって、それがユニコードの精神に追い風となっている感じもありますよね。

世界全体をまとめる努力

テュールスト——どこかの国で情報化が始まるといろいろなものが作られ、やがてそこから、一つに統一されたものが望ましいという共通の認識に到達するわけですが、それには時間がかかるみたいですね。まず国ごとに起こったことが、その後例えば西欧など地域ごとにまとまってくるということがあって、それで今ＩＳＯとユニコードみたいに、世界全体にまとまってくる。

そういう理想は常にあって、それは非常に大切なものだと思いますね。世界共通のコードでないとうまくいかない、急速に広がりつつあるインターネットなどへの対応も容易になるでしょう。

松岡——そうですね。そんな状況のなかで、日本だけが「わが国の美しい言語がユニコードによって壊されてしまう」という狼少年みたいなことばかりいっていていいのでしょうか。奇しくも伊藤さんがいわれたように、今あるものをどのようにうまく使っていくかということが重要ですね。それでぎりぎりやってみてだめだったら、次の新しいほうへ行けばいいということもありうるだろうと思います。

テュールスト――台湾も中国も、世界共通の情報交換が大切だということがだんだんわかってきて、政治的なことは別にして、技術面についてはある程度話し合いをしているらしい。

松岡――漢字本来についていえば、非常に綿密に話し合っていますよ。ですから、ＩＳＯの動きのなかでも、われわれが委員会をやっているそのあいだでも、中国は台湾と香港に呼びかけて、ときどきシンガポールも呼んで、議論していますよね。その点日本側の私としては、何となくうらやましいなという感じがする。会議にでていくと、伊藤さんと二人で孤立しているようなところがありましたもんね(笑)。

テュールスト――もう一つ、例えば日本で、会社としてこれからどういうマーケットに向けてソフトを作りたいかということを考えると、もう前もってユニコードを使って、世界のどこでも対応できるという可能性をもたせたものを作ることを考えておいたほうがいいと思います。黙っていると、貿易戦略を考えるアメリカやシンガポールなどに先手をとられてしまいます。そういう意味では、ユニコードを嫌うと日本のソフト業界にとっても非常に損になってしまうでしょう。

松岡――今日は国際コード系の話題から派生して、漢字をめぐるさまざまな話題がでましたが、過去ばかり悲観的に眺めず、二十一世紀に向けて明るく前向きに行きましょう、ということになりましょうか。どうもありがとうございました。

(平成九年九月十一日収録)

III

諸外国、諸文明における漢字

韓民族・韓国における漢字の伝統と現在

梅田 博之

漢字の受容と書写言語の獲得

ソウルから高速道路で南へ約九五キロ、天安《チョナン》市近郊に、韓民族の国難克服と国家発展の歴史を示すことを目的に、国民の献金によって建設された独立記念館がある。その第一展示館である民族伝統館の中央に、廣開土王《こうかいどおう》碑(四一四年)が立っている。もちろん等身大のレプリカであって、実物はかつての高句麗《こうくり》の広大な故地のほぼ中央部、鴨緑江に間近い中国吉林《きつりん》省輯安《しゅうあん》に今なお雄壮な姿を見せている。高さ六・三九メートルの巨碑の四面に刻まれた千八百余字の刻文は漢文であるが、一部に吏読《イドゥ》文(後出)的性格があることを指摘する学者もいる。とにかく、当時の高句麗人の並々ならぬ漢文の水準と漢字使用の普及を示している。このほかにも高句麗の時代のものと考えられる碑銘や造像銘として、平壌《ピョンヤン》城壁石刻文（五六六年）、中原《チュンウォン》高句麗碑（四八一年）、牟頭婁《モドゥル》墓誌（四九一年）やソウルの国立博物館所蔵の延嘉七年銘金銅如来《こんどうにょらい》立像（五三九年）等々がある。百済《くだら》のものとしては百済七支刀《しちしとう》の銘文（三六九年）、武《ぶ》寧《ねい》王誌石（五二三年）、百済砂宅智積《サテクチジョク》碑（六五四年）などが有名であり、このほかにもいくつかの造像銘が存在する。新羅《しらぎ》の金石文は、迎日冷水里《ヨンイルネンスリ》新羅碑（五〇三年）、氷川菁堤《ヨンチョンチョンジェ》碑（五三六年）、丹陽赤城《タニャンチョクソン》新羅碑（五五一年）、真興《チヌン》王巡狩碑（五四〇〜五六〇年）、南山《ナムサン》新城碑（五九一年）、戊戌塢作《ムスルオジャク》碑（五七八年）などのほか、瑞鳳塚《ソボンチョン》銀合杅《ウンハブウ》（四五一年）のような器銘も存在する。このように、三国時代のものと考えられる漢字の記録がかなり残っている。ただ、これら三国は文献に富んでいたと伝えられているのに、すべて失われ伝世の文書類が皆無に近いのはまことに残念なことである。とにかく高句麗・百済・新羅の三王国鼎立《ていりつ》の時代にはすでに漢字が受け入れられ、かなりの高い水準で使用されていたと考えてよい。

さて、韓半島に漢字をもたらしたのはいうまでもなく中国人であった。半島への中国人の流入は紀元前はるかにさかのぼるが、前二世紀末、前漢の武帝は楽浪など四郡を置き、「楽浪文化」が花開いた。この時代の碑文として秥蟬《ねんてい》県神祠碑（八五年）がある。このように、古代から引き続いて流入してきた数多くの中国人たちによってもたらされた漢文化・漢字文化がこの地に影響を与え、それがネイティブたちに次第に受け入れられていき、やがて三国時代の遺蹟にみるような状態にいたるのである。

やがて新羅は次第に強大になり、唐と結んで百済・高句麗を討ち、統一国家を樹立して統一新羅時代に入る。漢文化・漢字文化が韓半島に本格的に定着したのはこの時代であり、以後この地は完全に漢文化・漢字文化のなかに浸ることになる。新羅三十五代の景徳王が地名をすべて中国式に漢字二字の地名に改め（七五六年）、また漢姓を用いるようになったのもこの時代であると考えられている。時代が新羅から高麗へ、そして朝鮮王朝へと移るにつれて、漢字はますます浸透し、記録は漢文で書かれ、学問や文学も漢文や漢詩をもって行うというように、漢文化を尊重し漢字・漢文の文化を守り展開させていったのである。

表記システムとしての漢字

さて、日本と同様に韓国でも、漢字を受け入れることによって初めて文字を手に入れ、書写言語を獲得した。今日では漢字とは別にハングルと呼ばれる固有の音標文字を使っているが、これは今から約五〇〇年ほど前に発明された比較的新しい文字であって、それ以前は固有の文字をもたなかった。もちろん、漢字を受け入れた当初においては、三王朝に登用された中国人たちが記録を担当したであろうが、やがてこの三王朝を形成していた人々のあいだにも、漢字および漢文が学習され使用されることになっていく。彼らのうちには漢文の運用能力の水準がきわめて高い者もいたらしい。新羅末期の文人崔致遠《チェチウォン》（八五七〜?）は、唐に留学して唐の科挙に合格し登用され、黄巣《こうそう》の乱にさいし上表文、檄文《げきぶん》などを草して文名を馳《は》せたが、そのような人を出すほどの下地があったわけである。

誓記体《せいきたい》表記　ネイティブたちが漢字を受け入れ、漢字使用が広まってくると、やがて漢語の順序を韓国語式に入れ替えた変則の漢文が現れ、さらに漢字を用いて自らの言葉を書き表そうとする努力が始まる。

変則的な漢文の例として、一九三四年慶州南山《キョンジュナムサン》で発見された石刻文で、文章が「壬申年《じんしん》」から始まり内容が誓いなので「壬申誓記石」（壬申年は五五二、六一二または七九二年に比定される）と呼ばれ、その表記法を「誓記体」と呼んでいる資料がある。誓記体は「天前誓　今自三年以後　忠道執持　過失无誓」（天の前に誓う　今より三年以後　忠道を執持し過失なきことを誓う）のように、漢字を韓国語の語順によって並べるのみで漢文体をなしておらず、また韓国語の文としても助詞や語尾などの文法要素はまったく示されていない。同時代にはすでに後述の吏読文も行われていたが、誓記体が先に生じ、それに文法要素を加えるかたちで吏読文へと発展していったものであろう。

吏読《イドゥ》　漢字を用いて韓国語を書き表そうとした努力の一つに、吏読がある。吏読は簡単にいうと、誓記体に漢字の音・訓によって助詞や語尾などの文法要素を加えたものということができ、日本の「宣命書き《せんみょうがき》」に似ている。吏読は、「吏吐・吏道・吏書」などとも呼ばれ、文書類、例えば公文書や契約文書などの作成に用いられ、胥吏《しょり》（下級役人）たちの実用的表記法であったことは、上記呼称のなかに含まれる共通字が「吏」であること、『儒胥必知』（十八世紀中葉）という胥吏用実務手引書の大部分が吏読文であることなどからわかる。『大明律直解』（一三九五年）や『養蚕経験撮要』（一四一五年）などは、実際の運用にあたる胥吏たちの理解のために、原文の漢文を吏読によって翻訳したものである。しかし、十六世紀の大儒者である李退渓《イテゲ》も吏読文を書いているから、吏読文は胥吏たちだけが使うものではなかった。吏読資料は朝鮮王朝のみでなく高麗・新羅にさかのぼる。朝鮮・高麗（前述の『大明律直解』は実質的には

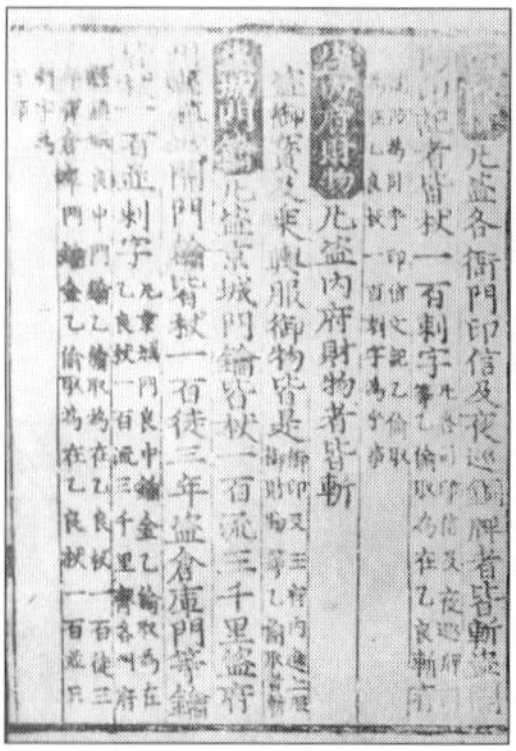

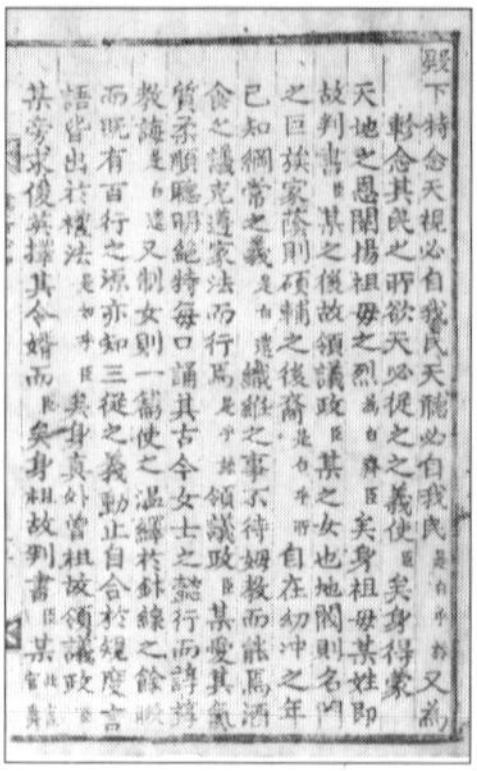

『儒胥必知』（左）と『大明律直解』（上）。小字で書かれているのが吏読に相当する。資料提供　筆者（以下同）

高麗時代のものである）の吏読の言語形式は中世語（十五・十六世紀のハングル文献語）にほぼ一致するが、新羅の金石文や日本正倉院所蔵の「新羅帳籍」によって知られる新羅時代のものはかなり異なっていることを、藤本幸夫教授（富山大学）は指摘している。吏読の多くは文法的要素を示すもので、漢字の訓（節〈トキ〉tiui、以〈ニヨリ〉-ɯro、為〈スル〉hʌ-、令〈セシム〉siki-）、音（乙〈ヲ〉-ɯl、式〈ズツ〉-sik、果〈ト〉kwa）を用いるが、副詞や名詞もある。そのなかには、况弥〈イワンヤ〉hʌmulmyə、適音〈タマタマ〉macam のように前字を訓読し、かつ後字の音読によって訓読した語の末音を明示する表記もある。この末音添記の方法は後述の郷歌にもみられる表記法である。

郷歌《ヒャンガ》　上代の日本で万葉仮名を用いたように、古代の韓半島でも漢字を用いて文全体を書き表した例があった。新羅時代の歌謡である「郷歌」と呼ばれるものがそれである。「郷歌」の「郷」は中国にたいして新羅を意味している。現存する郷歌は、高麗忠烈王の代の僧、一然《イルリョン》の編んだ歴史説話集である『三国遺事』（一二八五年頃）に一四首、同じく文宗の代に赫連挺《ヒョクヨンジョン》が編んだ均如《キュンニョ》大師の伝記『均如伝』（一〇七五年）に一一首、計二五首が伝えられている。『三国遺事』所載の郷歌は、頌仏歌が多く、六世紀から九世紀にわたり、そのうち八世紀のものが八首あって最も多い。これらがはたして原形どおりであるのか、あるいは高麗の人、一然によって改変が加えられているのか、問題はある。『均如伝』所収のものは均如作の頌仏歌であるが、均如は新羅末から高麗初にかけての人で改変の恐れが比較的少ないものと思われる。新羅時代に郷歌集『三代目』（八八八年）が編纂されたが、今日に伝わらない。郷歌は、吏読のように主として文法要素だけを漢字の音・訓で示すのではなく、歌詞全体を漢字を複雑に用いて書き表しており、解読が大変難しい。ただ、説話集である『三国遺事』の場合は、郷歌が説話とともに記載されていて、解読するさいに大体の内容は見当がつく。そのうち、「処容歌《しょよう》」は大変有名であるから以下に簡単に紹介すると、「新羅の王憲康大王が竜王の一子である処容に王政を輔佐《ほさ》させ、美女を娶《めと》らせた。あるとき疫神が処容の妻に横恋慕し、夜遅く処容が帰宅すると、疫神が妻と同床していたが、処容は怒らず次の歌を歌って立ち去ったという。疫神はこれを恥じ、以後、処容の前には姿を現さないことを誓った。」爾後《じご》、人々は家の扉に処容の絵をはり、疫病の流行を避けたという。解読には諸説があるが、ここ

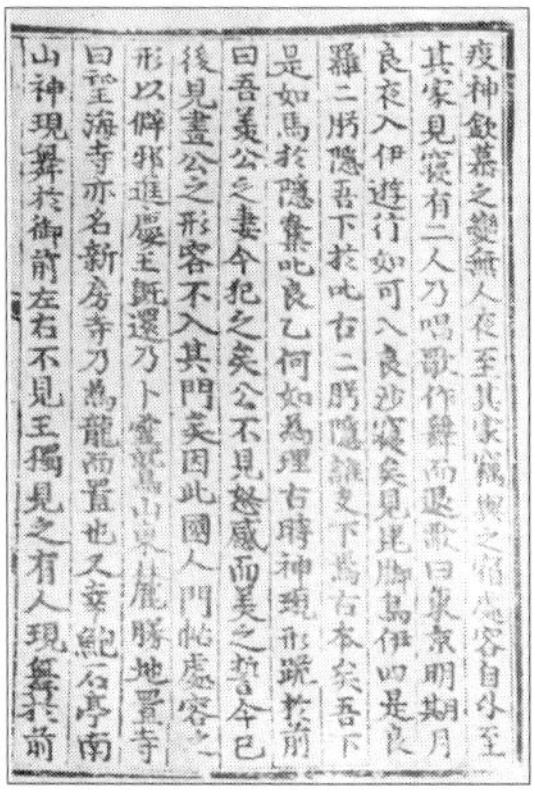
疫神欽慕之變無人夜至其家竊與之宿處容自外至
其家見寢有二人乃唱歌作舞而退歌曰東京明期月
良夜入伊遊行如可入良沙寢矣見昆脚烏伊四是良
羅二肹隱吾下於叱古二肹隱誰支下焉古本矣吾下
是如馬於隱奪叱良乙何如為理古時神現形跪於前
曰吾羨公之妻今犯之矣公不見怒感而美之誓今已
後見畫公之形容不入其門矣因此國人門帖處容之
形以僻邪進慶王既還乃卜靈鷲山東麓勝地置寺
曰望海寺亦名新房寺乃為龍而置也又幸鮑石亭南
山神現舞於御前左右不見王獨見之有人現舞於前

『三国遺事』処容歌

では兪《ユ》昌均《チャンギュン》教授（『郷歌批解』、一九九四年）のそれに従う。傍線の漢字は訓読、ほかは音読。

東京明期月良　夜入伊遊行如可

（東京［慶州］の明るい月に　夜になるまで遊んで）

tongyəŋ pʌrk-ki tʌr-(i)ra pam-tɯri no-ni-taka

入良沙寝矣見昆　脚烏伊四是良羅

（入って寝床を見ると　脚が四つであるなあ）

tɯr-a-sa car-tʌi po-kon karoi nək-i-a-ra

二肹陰吾下於叱古　二肹陰誰支下焉古

（二つは我のものであるが　二つは誰のものか）

tubɯlh-ɯn nai-hai-ə-s-ko tubɯlh-ɯn nugi hai-ə-ngo

本矣吾下是如馬於隂　奪叱良乙何如為理古

（本来我がものなれど　奪われしを如何にすべきか）

pontʌi nai-ha-i-ta-ma-rʌr-ʌn asʌraŋ-ʌr əstyəi-hʌ-ri-ko

このように漢字の音読と訓読を利用して新羅語を表記しているが、かなり複雑な表記法である。中でも特徴的なのは、先に吏読のところでも言及した末音添記と呼ばれる表記法で、例えば上例で「誰文」は「だれ」という疑問代名詞を表すが、「誰」を訓読して nuki と読み、「文」は音読して ki と読んで nuki の第二音節の発音を表すことによって、訓読された語形の発音を暗示している。

　このようにして、表音性をできるだけ高める努力をしたのであるが、結局、表記方法が複雑で、なおかつ文字が文字として機能するために必要な表音性が不十分であったためか、高麗時代以後使われなくなってしまった。

　なお、古代の韓半島におけるこのような漢字の使用法が、おそらくわが国の万葉仮名の成立にも影響を与えたであろうと想像され、そう考えるのが妥当であると思われるが、残念ながら資料が欠けており、両国の漢字使用を示す現存の資料は、おおむね日本側の資料の方が年代が古いので、現在のところまだ実証することはできないでいる。

口訣《クギョル》　漢文の学習や読解の手段として、文節ごとに送り仮名として、助詞・語尾などの文法要素を漢字の音訓を利用して表示したものを「口訣」（または「吐《ト》」）という。「口訣」は、普通は漢字の正字体（または草書体）の偏旁冠脚《へんぼうかんきゃく》を利用した略字体が用いられたが、字によっては全画を用いるものもあり、また刊本などでは正字体も使われた。次例の（A）は正字体、（B）は略字体の口訣である。

（A）天地之間　萬物之衆い　唯人伊　最貴為尼　所貴乎人　者隠　以有五倫也羅

（B）天地之間　萬物之衆厂　唯人亻　最貴ソヒ　所貴乎人　者い　以有五倫也い

右例では傍線の部分が口訣で、厂（厓 ai、音）は「ニ」、亻（伊 i、音）は「ガ」、ソヒ（為尼 -hʌni、訓・音）は「スルガ、デアルガ」、阝（隠 ɯn、音）は「ハ」、亽（羅 -ra、音）は「ナリ」にあたる。また、ここにはでていないが、乙(ɯr、音)「ヲ」、果(kwa、音)「ト」などが全画の例である。略字体のもののなかには、タ(多 ta、音)、リ(利 ri、音)、イ(伊 i、音)、ヒ(尼 ni、音)、ヌ(奴 ro、音)、ロ(古 ko、音)、ヤ(也 ya、音)、カ(加 ta、訓)、ソ(為 h、訓)、オ(於 e、音)など、日本の片仮名と同形のものがあって興味深い。

韓国では、漢文を語順を変えずに音読し、文節ごとに口訣を入れて読む。これは朝鮮王朝時代から現在にいたるまでそうである。それゆえ、韓国には漢文訓読法はなかったと久しく思われていたが、一九七三年に忠清《チュンチョン》南《ナム》道《ド》瑞山郡《ソサングン》の文殊寺の金銅如来座像胎蔵物(胎蔵の時期は至正六〈一三四六〉年)として、木版刷りの『旧訳仁王経』上巻の落帳五枚が発見され、学界の注目を浴びた。この『仁王経』では、口訣を漢文原文の左側と右側に分けて記入してあり、また返り点「、」が書かれている。韓国語の語順に従って、左側に口訣が書かれている部分を留保しつつ読み下《くだ》し、右側に書かれた口訣の末尾につけられた返り点「、」の位置から遡上《じょう》して、留保した部分を左側に書かれた口訣をつけて読むという読法で、しかも口訣のなかには用言語幹末音を示しているものもあって訓読されていたことがわかる。漢文を完

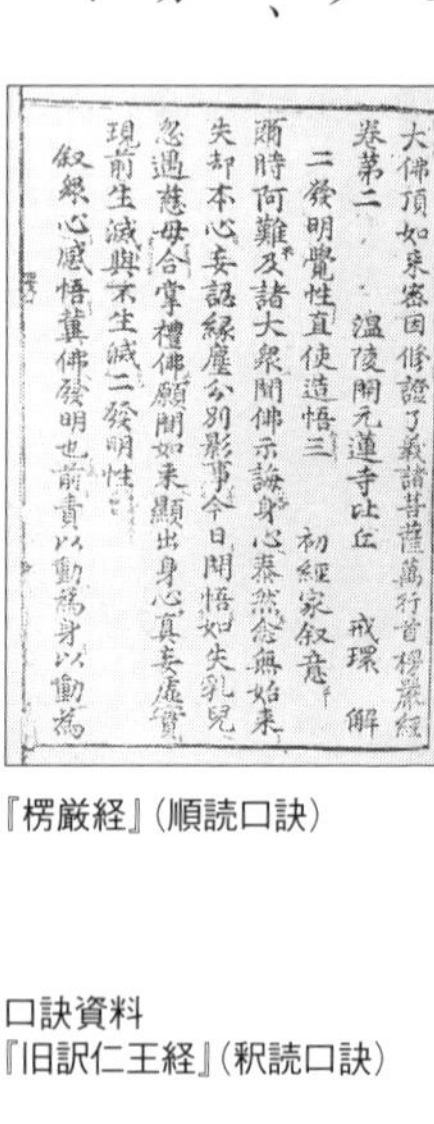
大佛頂如來密因修證了義諸菩薩萬行首楞嚴經
卷第二　溫陵開元蓮寺比丘　戒環　解
二發明覺性直使造悟三　初經家叙意
爾時阿難及諸大衆聞佛示誨身心泰然念無始來
失却本心妄認緣塵分別影事今日開悟如失乳兒
忽遇慈母合掌禮佛願聞如來顯出身心真妄虛實
現前生滅與不生滅二發明性
叙經心感悟冀佛發明也前責以動爲身以動爲

『楞厳経』(順読口訣)

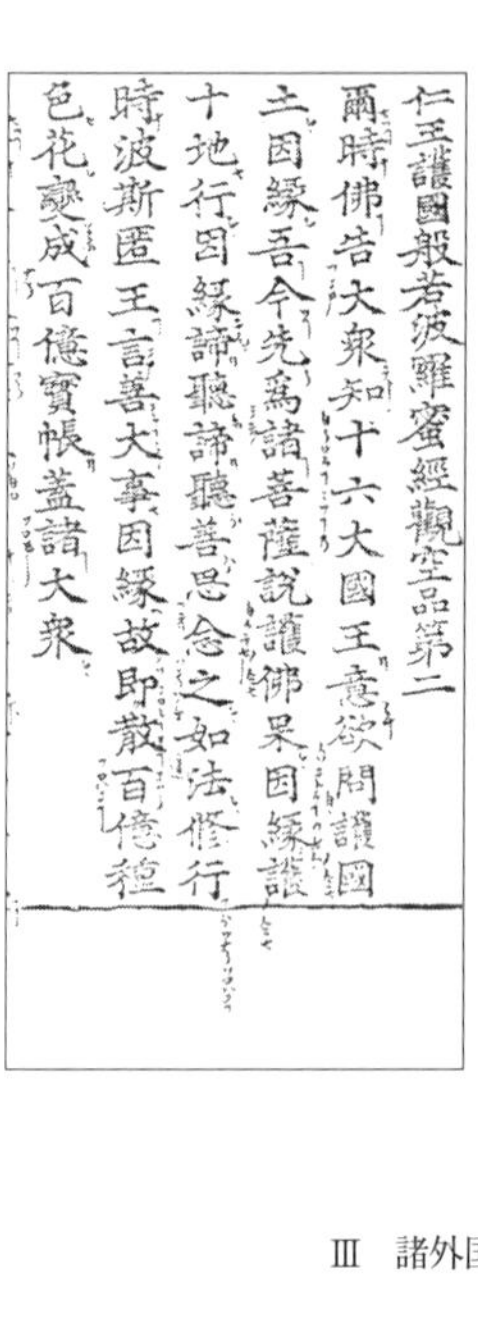
仁王護國般若波羅蜜經觀空品第二
爾時佛告大衆知十六大國王意欲問護國
土因緣吾今先爲諸菩薩說護佛果因緣護
十地行因緣諦聽諦聽善思念之如法修行
時波斯匿王言善大事因緣故即散百億種
色花變成百億寶帳蓋諸大衆

口訣資料
『旧訳仁王経』(釈読口訣)

全に韓国語の統辞構造に変え、かつ翻訳して読んでいたのである。韓国では、これを釈読口訣と呼び、従来知られていた音読・棒読みの読法を順読（または音読）口訣と呼んでいる。南豊鉉《ナムプンヒョン》教授（檀国大）は『仁王経』の口訣の記入年代を十二世紀半ばごろと推定しておられる。

従来、口訣資料は、前述の『仁王経』以外には朝鮮王朝のものしか知られていなかったが、近年になって高麗朝の文献が漸次発見され、また朝鮮朝前期の訓読法も紹介されて口訣研究が大いに進展しつつあるなかで、藤本幸夫教授は東京大学小倉文庫旧蔵の『牧牛子修心訣』（一四六七年）の訓読法を調査し、訓読符号が高麗の訓読法の伝統を継承していることを確認し、他方、日本の奈良末ごろの華厳《けごん》宗関係の経典のそれとも共通していることを指摘し、「当時の新羅での華厳宗の隆盛とわが国の多くの僧が新羅に留学した史実を考えるとき、当時新羅に行われていた訓読法が留学僧によってわが国にもたらされたものであろう」と推論して注目を浴びた。

訓民正音の創制

以上、韓国での漢字による自国語表記の努力について述べてきた。このうち、口訣は漢文を読むさいの補助手段として用いられ、吏読は文書類の表記体として韓末まで胥吏たちによって使われてきた。これにたいして、郷歌表記は韓国語そのものを表記しようとする努力であった。

しかしながら、郷歌表記は高麗朝に入って行われなくなってしまった。その理由は、韓国語の閉音

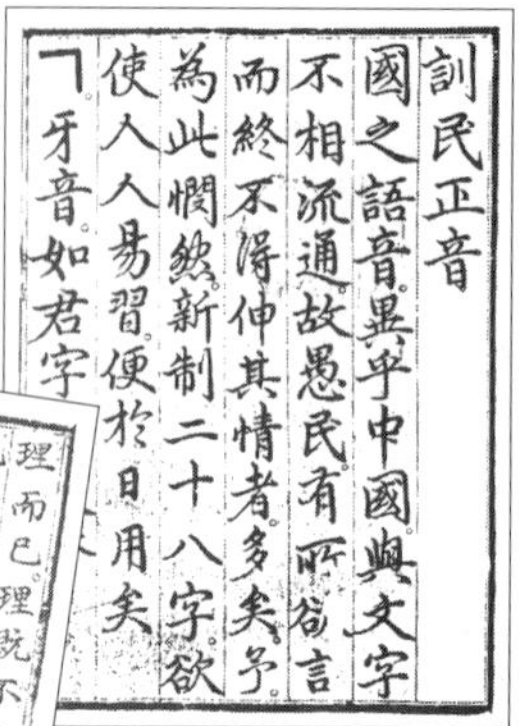
訓民正音
國之語音異乎中國與文字
不相流通故愚民有所欲言
而終不得伸其情者多矣予
為此憫然新制二十八字欲
使人人易習便於日用矣
ㄱ牙音如君字

理而已理既不二則何得不與天
地鬼神同其用也正音二十八字
各象其形而制之初聲凡十七字
牙音ㄱ象舌根閉喉之形舌音ㄴ
象舌附上腭之形脣音ㅁ象口形
齒音ㅅ象齒形喉音ㅇ象喉形ㅋ
比ㄱ聲出稍厲故加畫ㄴ而ㄷㄷ而
而ㅌㅁ而ㅂㅂ而ㅍㅅ而ㅈㅈ而

『訓民正音』一丁表（上），ただし原本の一，二丁は欠落しており，これは後世の補写。「訓民正音」制字解（左）

節をも許容する音節構造の複雑さに由来する、表記方法の煩瑣《はんさ》性と表音性の低さによるものと考えられ、その後の漢字文化の圧倒的な影響も加わって、漢字で韓国語を書き表すことは断念され、漢字は漢語のみを示すことになり、やがて朝鮮朝にいたって漢字とは関係のない新しい固有の文字が作りだされることになるのである。

今日、ハングル（大いなる文字）と呼ばれているこの固有の文字は、朝鮮朝第四代の世宗の代、一四四三年に制定され、一四四六年に『訓民正《フンミンジョン》音《ウム》』という名称で公布された。漢字とは別に民族固有の文字を創制した動機と目的は、『訓民正音』の冒頭に簡潔に述べられており、民族自決の思想と文化を限られたものの独占とせず、広く庶民のものとする考え方をみることができる。かつてのメソポタミアやエジプトの古代王国の遺蹟に見られる表語文字は、単に言語を表記する伝達の機能だけでなく、支配者が自分の権威を対外的に誇示する一つの道具でもあった。しかもその文字は構成がきわめて複雑だったから、それを習得し使用することのできる人はごく限られていた。しかるに、朝鮮王朝第四代王である世宗は、自ら広く庶民のために、習いやすく使いやすい文字を作ったのであった。

ハングルは、アルファベットのように子音字と母音字からなり、音節単位でまとめて書く。子音字は発音器官の象形によって基本字を定め、それを加画することによって派生字が作られる。母音字はそれぞれの母音がもつ調音的・聴覚的特徴をもとに性理学の思想に基づいて記号化したものであるが、当時この言語に存在した母音調和を反映して、母音の字形が対をなして対照的に作られており、子音字の制字法とともに、この文字の製作者たちの音声学的観察と音韻論的分析の正確さを示している。ハングルは音素文字であるが、上述のような制字原理に基づいているから、音素を構成する音韻素《そ》性《せい》(例えば、唇音性、鼻音性、無気音性、有気音性のような)をも表す、世界にも類例のない素性文字でもある。また、音節ごとにまとめて書く音節文字でもあり、そのため形態的な境界が明示され、完全な形態音素論的表記を可能にしている。まことに独創的で優れた文字と言うことができる。

新文字制定後、まず一四四五年に朝鮮王朝の讃歌である『龍飛御天歌《ヨンビオチョンガ》』が、また一四四七年には漢字音の規範の確立を目的に『東国正韻』という韻書がこの新文字を用いて刊行された。以後、仏典・経書・教化・政法・医学・農学等々、数多くの文献がこの文字を使って刊行された。これらの多くは、原書である漢文にハングルで訳と注釈を加えた一定のスタイルを備えた「諺解《ゲンカイ》」と呼ばれるものである。このほか、各種の韻書や中国語・満州語・蒙古語・日本語等の語学書も出されているが、公文書などには依然として漢文が用いられ漢文が主要書写言語であって、ハングルは真書《チンソ》としての漢字にたいし

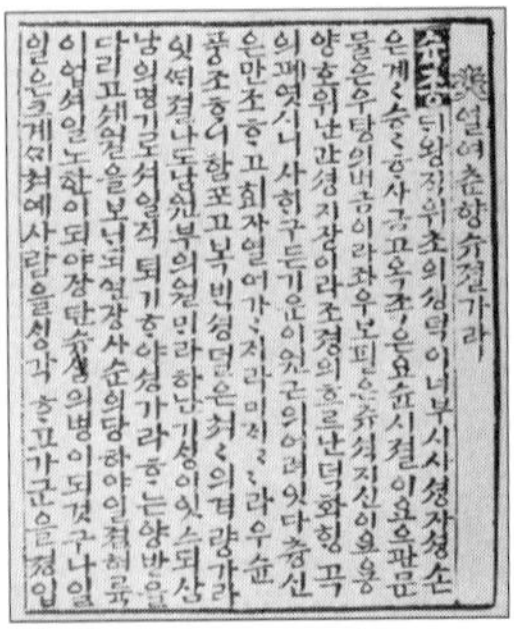

ハングルによる古小説『春香伝』

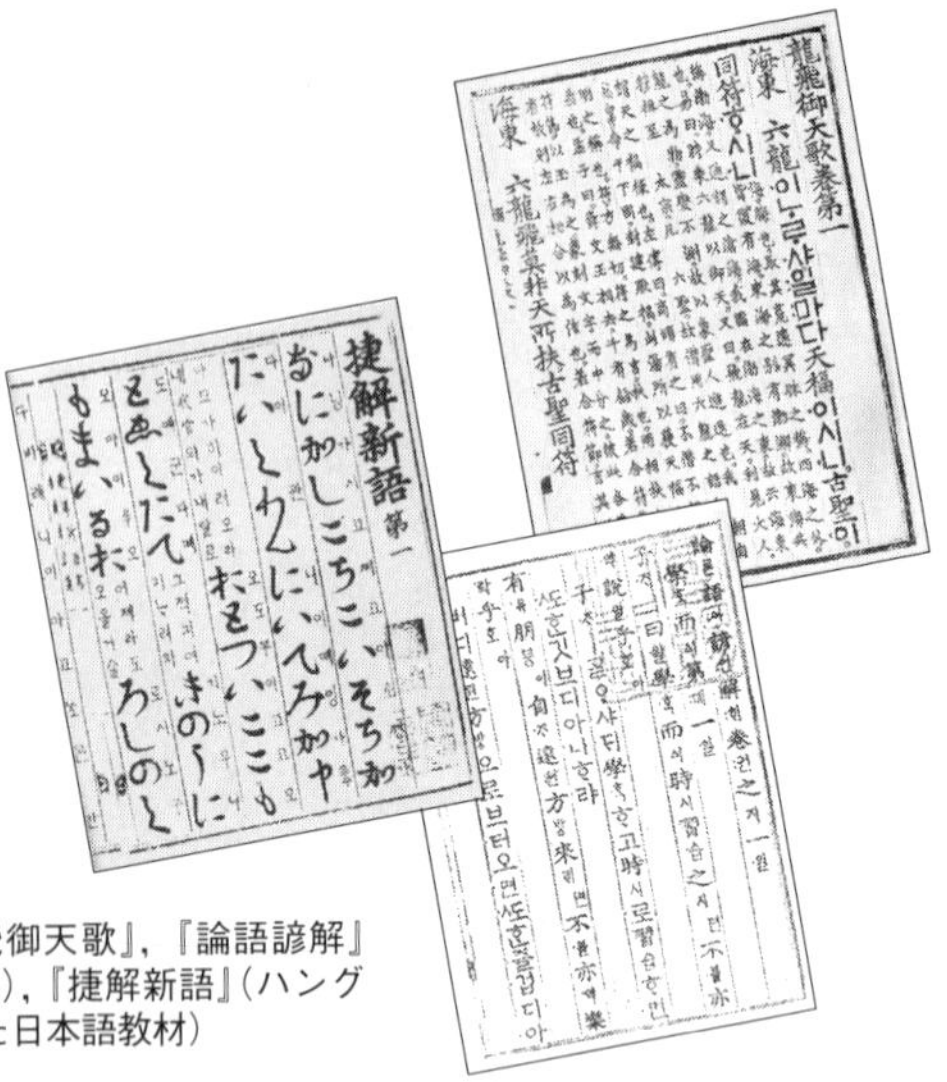

右から『龍飛御天歌』,『論語諺解』（論語の諺解）,『捷解新語』（ハングルで書かれた日本語教材）

て諺文《オンモン》と卑称された。しかし、民間には広く流布し、十八世紀以後にはハングルによる小説類も数多く出された。これらの小説類は漢語もすべてハングルで書かれた。朝鮮朝以後は漢文は訓読されなくなるから、日本のように漢文訓読体のような文体は生まれず、漢文体とハングル体はついに交わることがなく、漢文学とハングル小説とが並列して存在した。小説だけは今日にいたるまで漢字を用いず、ハングルだけで書かれる。

一八九四年に「甲午更張《カボキョンジャン》」と呼ばれる近代化のための政治・社会改革が行われたさい、公文書の漢文を廃止し国漢文混用体（漢字とハングルの混用体）を使用することになり、官報・新聞・雑誌・教科書（学部編輯局編）などもこれに倣った。民間では、周《チュ》時経《シギョン》（一八七六〜一九一四）らを中心に、混用体をさらに純ハングル体に改め、言文一致を行おうとする「国文運動」がおこったが、一九一〇年の「日韓併合」

によって文字ばかりか言語まで徹底的に弾圧された。一九四五年八月、日本の敗戦と韓民族の独立によって、ハングルが真の意味で韓民族の国字の地位につくのである。

国字ハングルの専用

大韓民国では、一九四八年十月に「ハングル専用法」を公布し公文書をハングルで書くこととし、北朝鮮では一九四九年六月、新聞雑誌などの刊行物から漢字を全廃し、純ハングル体横書きを採用した。一九七〇年代前半に、朴《パク》大統領主導で学校教育における漢字教育の廃止とハングル専用が推進されたが、民間の識者のあいだで漢字文化継承の主張も強く、政府は一九七二年に「漢文教育用基礎漢字千八百字」を定め、中学校で九百字、高校で残りの九百字を漢文科目のなかで教えることとした。しかし、国語教科書はハングルですべて書かれ、基礎漢字に該当するものだけ漢字をカッコに入れて表示するにとどまっている。つまり、韓国の漢字教育は、漢字を国語の表記法のなかに位置づけておらず、中等教育においていわば外国語に準ずるかたちで漢文として教えるという点で、わが国とは異なる。なお、ハングル専用と漢文学習のための漢字教育を前提とするためか、韓国では漢字の略字を定めず、本字を用いている。

一般社会での文字使用の現状は、公文書、政府刊行物、企業の文書等はハングル専用が徹底している。新聞、雑誌、各種の出版物もほとんどハングル専用になっている。とくに近年は新聞も、見出しに使われる人名と北（北韓）、日（日本）、韓銀（韓国銀行）など固有名詞の略称を除けば、ハングルのみで書かれるようになった。漢字が比較的使われる分野である学術専門書（とくに人文系）でも漢字が姿を消しつつある。なお、漢字表記をする場合、どの漢語を漢字で書くかの原則がなく、同じ著者の同じ文章のなかでも同じ漢語が漢字で書かれたりハングルで書かれたりする。街角の看板、広告などでは漢字はほとんど使われていない。個人的なレベルでの文字使用も手紙、日記、メモその他、筆者の知る限りでは、日常生活においては漢字はまったくといってよいほど使われていない。

一九四八年の「ハングル専用法」施行以来、韓国の社会はハングル専用と漢字保存の両極を揺れ動きながら現在にいたり、今もなお漢字は使われており、識者たちの漢字維持の主張もなお根強いものがあるが、『訓民正音』序文の「欲使人人易習　便於日用耳」という言葉どおりの、日常生活でのハングル使用の便利さに、永年のハングル専用に近い学校教育が相まって、一般社会におけるハングル専用はすでに定着した感がある。

韓国語語彙に占める漢語

韓国は古くから中国文化に接しその影響を強く受けたが、韓国語もまた中国語の強い影響を受けた。その影響がとりわけ顕著に認められるのはいうまでもなく語彙《ごい》の面である。韓国語の語彙のなかに占める漢語の比重はきわめて大きい。近年はハングル化が進んで、新聞や週刊誌などをみても漢字が目につかないが、ハングルで書かれている語の多くが実は漢語である。辞書の見出し語の語種分布調査によれば、日本語も韓国語も漢語がほぼ七〇パーセント近くを占める。しかし、範囲を基礎語彙に限って漢語の比率をみると、もともと基礎語彙は外来語の侵蝕を受けにくいものであって両言語ともにきわめて低いが、それでも韓国語（ソウル方言）には日本語（東京方言）のほぼ三倍以上の漢語が侵入している。十五世紀には固有語彙であったものが、現代語をみると漢語に置き換わってしまっているものがかなりある。例えば、「やま」は moi が san「山」に、「おんな」は gyəjib が yɔdʒa「女子」に、「おとうと」は azʌ が toŋsʌiŋ「同生」にそれぞれとってかわられた。

韓国語の語彙のなかに取り入れられた漢語の大部分は古典漢語であるが、明治以後の西洋文明の諸概念を表す日本製漢語も多数取り入れられた。韓末の開化期から日韓併合以後にいたる過程で多くの日本製漢語が流入した。さらに、日本語の固有語でも漢字を当てて書かれたものを漢語のかたちで取り入れた例も多い。例えば、「はがき」は「葉書」と書かれるゆえにこの漢字を音読して葉書《ヨプソ》という漢語のかたちで借用された。小包《ソポ》、手続《スソク》、窓口《チャング》、取扱《チウイグプ》、立場《イプチャン》、株式《チュシク》、建物《コンムル》など、かなりの例を見出すことができる。印刷、服装、美容その他、手工業的な技術用語には話し言葉から入った日本語の生のかたちでの借用語がみられるが、書き言葉を通じて入ったものは上述のように漢字を媒介にして取り入れたので日本語が露出していない。

また、共通とみられる漢語のなかにも、工夫《コンブ》（勉強）、議論《ウィノン》（相談）、外人《ウェイン》（部外者）、兄弟《ヒョンジェ》（同性同士のきょうだい）、丁寧《チョンニョン》（間違いなく、きっと）、発明《パルミョン》（弁明、日本語と同じ用法もある）などのように日本語とは意味の異なる例もあり、當身《タンシン》（あなた）、男便《ナムピョン》（おっと）、妻男《チョナム》（妻の男きょうだい）、妻弟《チョジェ》（妻の妹）、男妹《ナムメ》（異性のきょうだい）、便紙《ピョンジ》（手紙）などのように日本語では使わない漢語もある。

漢語の多くは名詞として機能するが、不過《プルグァ》「わずかに」、不得已《プドゥギ》「やむをえず」、甚之於《シムジオ》「甚だしくは」など副詞として用いられるものも若干ある。漢語を用言化する場合には「する」にあたるha-をつける点は並行的であるが、用言化できる漢語は必ずしも日本語と同じではない（例えば、愛国《エグク》ha-「国を愛する」、安静《アンジョン》ha-「安静にする」など）。また、その漢語が動作性をもつか状態性をもつかによって、日本語ではスルがついて動詞になるか、ダがついて形容動詞になるのにたいし、韓国語では統辞機能上は動詞もしくは形容詞のいずれかになるが、かたちのうえではいずれも漢語＋ha-となって区別がない。

日本との相違点

韓国も日本も、古くから漢字文化圏に属し、中国の言語文化の強い影響を受けた。そして、ともに漢字を受け入れることによって書写手段を獲得し、漢字を使って母語を書き表すためのさまざまな努力を続けてきた。日本では、変則漢文、宣命書き、そして万葉仮名と進んで、漢字の省画などにより仮名文字を作りだした。また、漢字を訓読みして日本語のなかに完全に取り込んでしまった。一方、韓国では、誓記体表記、吏読、口訣、そして郷歌表記などの努力が行われ、漢字による母語そのものの表記の試みや、漢文の訓読の試みがいろいろと行われたが、音節構造の複雑さと発音の違いなどの言語構造上の問題や、中国文化の直接的な強い影響により、結局漢字で母語を書き表す努力を断念し、漢字はただ漢語を表すこととし、母語を書き表すために漢字とは関係なくまったく新しい文字ハングルを作りだしたのである。そして、今やハングル専用が定着し、漢字と決別しようとしている。中国文化を尊び傾倒しその影響を強く受けながら、かえってある意味でそれに反逆せざるをえなかった点、日本と対照的だということができる。

ベトナムの漢字文化
——伝統と現在

川本邦衛

クオック・グー〔国語〕は国語にあらず

勤め先では来年（一九九八）度から履修選択科目にベトナム語を新設することになった。担当者にはベテランをお願いしてあるが、とりあえず、その学習案内をこのような文案にしてみた。

ベトナムは箸を使って飯を食べ、禅宗系の仏教を信仰する漢字文化社会だが、現代ベトナム語の使用文字はローマ字で入門が容易だ。中国語と同様に語形変化がない単音節型言語で、文法は語順によって決まる。中国語とは別系統の言語だが、日本語と同様に常用語彙《ごい》の半ば近くを漢語が占めていて、ローマ字で書かれるその大部分が日本語の漢語と共通しているという点でも親しみがある。中国語のように声調があるが、声調の種類が母音字の上または下に書き込まれる文字システムは、初学者にとって大いに助かる。ただし声調は中国語より二種多くて六種あり、母音が十四個あるので、まず発音の確実な学習が肝要。これを克服すれば美妙な抑揚を活かした日常会話や巧みに韻を踏む詩の朗吟などが楽しめる。

学生に履修意欲を湧かせたい心底が見え見えのこの文案は、早速ガイダンス担当の言語学者から「母音が十四個に声調が六種類だとすると、要するに八十以上の母音の区別ができなければならないわけか。こりゃ大変だ」という冗談交じりの感想を頂戴した。この案内では学生が尻込みしないだろうか、といった心配が先に立ったのかもしれない。

ベトナム語がどんな言語かという質問にたいする簡単な解答は、およそこの学習案内以上にいうことはない。初学者が取り組みやすい、親しみやすい語学だといって挙げたいくつかの点についても、偽りを書いたわけではない。確かに数の多い母音の弁別が、教える側にとっても、学ぶ側にとっても相当な問題ではあるが、いかなる外国語にも、日本人にとって学びやすいところと学習に苦労するところの双方が、必ずともに存在するものだ。ベトナム語だけをどうこう言っても始まらない。ともかくローマ字で書かれるベトナム語は、タイ語やアラビア語のように入門にあたって文字学習の苦労がない、ローマ字だから入門しやすいと一面の真実を強調するのも、履修を奨《すす》めるこちら側の常套句《じょうとうく》である。が、じつをいえば、一筋縄ではいかない綴字《つづり》も少なくないこのローマ字には、「特異な」の修飾語が必要であろう。

ベトナム語のナショナルスクリプトが、その特異なローマ字になってからすでに九〇年近くがたつ。

この文字をベトナム人がクオック・グーと称するのは、その普及が加速した一九一〇年代よりかなりさかのぼる。当時は「クオック・グー」はそのクオック・グーでは quấc ngữ と書かれたが、今では quốc ngữ と書く。じつはともに漢語の「国語」のローマ字表記である。この「国語」は日本語でいう「国語」とも、中国語の「国語《クオユイ》」(むかしは「普通話《プートンホア》」などとはいわなかった)とも同義ではない。ベトナム語の「国語」は、ベトナム語を表記するローマ字、すなわちその「文字」または「文字体系」をさし、「ベトナムの国語」という意味は第一義的には含まれない。

クオック・グーは英語のアルファベット二六文字のうちf、j、w、zを除き、子音字 đ(大文字はĐ)と母音字 ă、â、ê、ô、ơ、ư 六字を加えた二九文字からなる。一個の音節が一つのまとまった意味を表し、語形変化がない単音節型の音調言語という類型的特徴は、中国領土内や東南アジアでは珍しくはないが、現代ベトナム語のローマ字表記法は、平たくいえば一単語にあたる一個の形態素=一音節ごとに分かち書きにし、音節の核ともいうべき母音字に音調(=声調)符号が添記される。音節の構成は頭《とう》子音・介《かい》母音・母音・末《まつ》子音の連鎖で、母音以外は音節によってはこれを欠くことがある随意要素だが、これらの要素が先に述べた二九文字のアルファベットの特定字母によって表記される。子音音素によっては、二文字あるいは三文字でこれを表記するケースがあるが、クオック・グーは一文字記号が特定の音素のみに該当される正書法である。ただし逆に、二重母音は末子音がない開音節とそれがある閉音節では、それぞれ異なる母音字の連続で表記し、また頭子音も広母音の前と狭母音の前では異なる文字になるなど、同一音素であっても音韻環境いかんで異なる文字による書き分けがある。

あるいは今日の言語では同一音素であっても中世には弁別されていた古音の表記をそのまま継承し、日本語の歴史的仮名遣いにあたる、意味による書き分けも行われる。

一筋縄ではいかないなどと書いたが、要するにこの言語のローマ字綴りの問題——細かくいえばまだあるが——は以上にほぼ概括される。その特異なローマ字表記の字面《じづら》を、六声調のすべてが現れる日常語の文脈で示すと次のようになる。

Đó là nhà cũ của ông Nguyễn Văn Dực.

（あれはグエン・ヴァン・ズック［阮文翔］氏の旧宅だ。）

クオック・グーで書かれる漢字

東南アジア諸国の例にもれず、ベトナムの文化もまた際立った重層構造である。伝統文化を基層として、その上層に外来文化が色濃く重なっているという意味だが、ベトナムの上層文化はまがいもなく中国文化で、その様相の特徴は、思想、芸術、学問、宗教などのあらゆる面で漢字を媒体とした文化の受容が、長期の歴史過程で継承されて仏領植民地期前夜にいたった、という言い方がなされうるだろう。ベトナムにおける中国文化の受容は、いかなる意味でも漢字と切り離しては考えられない。

クオック・グーの時代以前は、ベトナム人にとって公の文章は漢文であり、ベトナム独自の発音＝字音で読まれる漢字を正式の文字とした。話し言葉である民族語を俗語と称し、口語を書くために十二世紀ごろより使われだした、漢字から派生的に考案された民族文字の字喃《チュウノム》は、俗字と見なされた。歴代の中国式王朝の統治下では、漢字の知識があって漢文が読めることが教養人のメルクマールであった。ローマ字であるクオック・グーが普及してベトナム語のナショナルスクリプトになっていくのは今世紀前半の急速な文化変容であったが、フランスの保護王朝として一九四五年まで存続した、最後の王朝の大南帝国阮《グエン》朝では、滅亡直前まで、皇帝が朱筆でコメントを書き込んだ漢文の公式文書である硃《しゅ》本を資料として――朱筆のコメントには「知道了」のような中国語の白話体も少なくない――、皇帝一代ごとの編年体の漢文の記録である「寔《しょく》録（＝実録）」の編纂が国史館の編修（官）によって続行されていたし、四〇年代の前半までは皇帝側近の御前《グーティエン》文房《ヴァンフォン》董《ドン》理《リイ》（内閣書記官長）はそれらの漢文の公文書を統括することも重要な役務とした。

しかし太平洋戦争後に独立を勝ちとって社会主義立国時代に入ると、公式文書の言語表記からいかなる場面でも漢字の使用が完全に抹殺される。太平洋戦争開戦前夜の、日本のインドシナ進駐時代には、知識人層のある部分にはまだ漢字の素養がみられ、ベトナム人と漢文の筆談によって用務を果たしたという日本人の経験が語られたこともあったし、日本の軍政当局に、ローマ字の廃止と漢文表記の復権を建議したベトナム人がいたということを、確かな本で読んだことがある。しかし社会主義ベトナム成立以後の、現地における彼《か》の国の人々との交流で、こうした話はまったく聞かれなくなった。

漢字が廃された要因には穿《うが》ったようなことをいう人がある。フランス人によって考案されたローマ字が植民地当局によって強制されたとするのもそれで、ベトナム戦争中の報道解説などにもよく見かけたものだが、これは見当違いである。あるいはこのようにもいわれる。十九世紀末から二十世紀にかけて、植民地統治下のベトナムにも西洋近代が滔々《とうとう》と伝播した。新聞の発行などジャーナリズムの濫觴《らんしょう》もみられはじめた時代に、もはや板本による印刷は時代に適合するものではなかった、といって漢字や、まして漢字よりもはるかに難字の多い字喃の活字印刷は、技術的、経済的に不可能に近かったために、ベトナム語の表記から漢字と変形漢字である字喃が廃されてクオック・グーになった、と。これも謬説《びゅうせつ》である。

クオック・グーは十七世紀にこの国でカトリックの布教に従事したイエズス会の宣教師たちがその布教活動のために工夫した、ベトナム語のローマ字正書法に基づく。創始者は特定できないが、創意にかかわった少なくとも四人の宣教師の名前が知られている。そのローマ字体系のおおむねは現代のクオック・グーに引き継がれているが、ベトナム語の音韻の変遷にともなった修正を加えた現代の用法に最も近い文字綴りは、十八世紀のパリ外国伝道協会の宣教師の布教活動のなかで完成した。フランスの侵略が始まる一五〇年も前のことだ。前者は、著名なイエズス会士A・ロード（一五九一〜一六六〇）の、そして後者は阮氏の四歳の王子をともなってパリに戻り、ルイ十六世に阮朝の国内統一にたいする支援を要請したことで知られるアドラン司教P・ド・ベーヌ（一七四一〜九九）が残した辞書や、十九世紀前半に出来《しゅったい》したイサウラ司教J・L・タベールの大部の辞書にその文字用法の総体を知ることができる。三点はそれぞれベトナム語—ラテン語辞典だが、とりわけ後の二点が夥《おびただ》しい漢字と字喃を見出しに掲げてそのオーソグラフィーを示していることは、ベトナム語の公式言語が漢文からローマ字表記の民

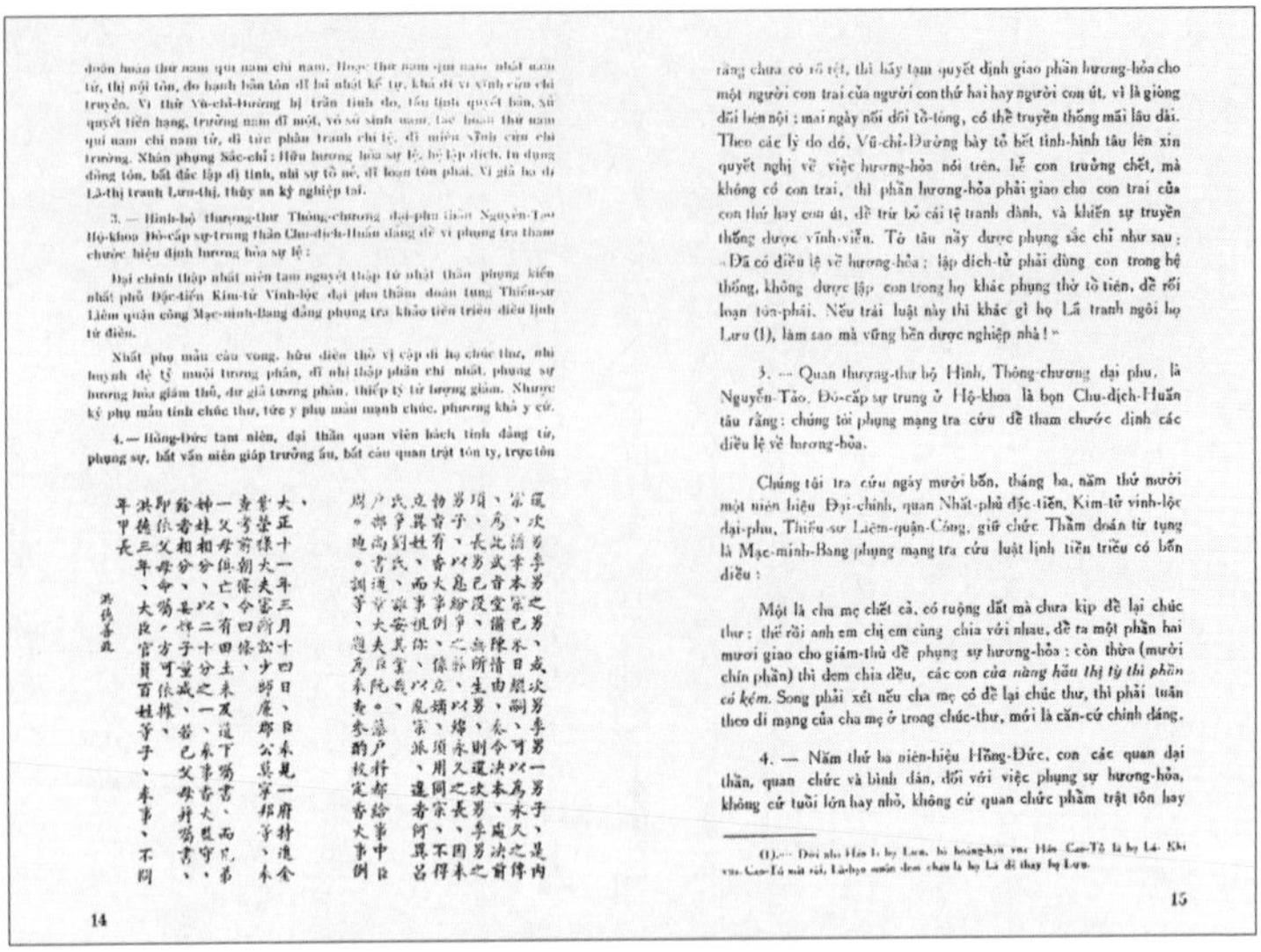

đoàn hoàn thứ nam qui nam chi nam. Hoặc thứ nam qui nam nhất nam tử, thị nội tôn, do hành bản tôn dĩ lai nhất kế tự, khả dĩ vi vĩnh cửu chi truyền. Vì thử Vũ-chi-Đường bị trần tình do, tấu lịnh quyết bản, sử quyết tiền hạng, trưởng nam dĩ một, vô sở sinh nam, tắc hoàn thứ nam qui nam chi nam tử, dĩ tức phân tranh chi tệ, dĩ miên vĩnh cửu chi trường. Khâm phụng Sắc-chỉ : Hữu hương hỏa sự lệ, hệ lập đích, tu dụng dòng tôn, bất đắc lập dị tính, nhi sự tổ nê, dĩ loạn tôn phái. Vì giả họ dĩ Lã-thị tranh Lưu-thị, thùy an kỳ nghiệp tai.

3. — Hình-bộ thượng-thư Thông-chương đại-phu thần Nguyễn-Tạo Hộ-khoa Đô-cấp sự-trung thần Chu-dịch-Huấn dẳng để vị phụng tra tham chước hiệu định hương hỏa sự lệ :

Đại chính thập nhất niên tam nguyệt thập tứ nhật thần phụng kiến nhất phủ Đặc-tiến Kim-tử Vinh-lộc đại phu thẩm đoán tụng Thiếu-sư Liêm quận công Mạc-minh-Bang đẳng phụng tra khảo tiền triều điều lịnh tứ điều.

Nhất phụ mẫu câu vong, hữu điền thổ vị cập di họ chúc thư, nhi huynh đệ tỷ muội tương phân, dĩ nhị thập phần chi nhất, phụng sự hương hỏa giám thủ, dư giả tương phân, thiếp tỳ tử lượng giảm. Nhược kỳ phụ mẫu tính chúc thư, tức y phụ mẫu mạnh chúc, phương khả y cứ.

4. — Hồng-Đức tam niên, đại thần quan viên bách tính dẳng tử, phụng sự, bất vấn niên giáp trưởng ấu, bất câu quan trật tôn ty, trực tôn

14

rằng chưa có tố tệt, thì hãy tạm quyết định giao phần hương-hỏa cho một người con trai của người con thứ hai hay người con út, vì là giòng dõi bên nội ; mai ngày nối dõi tổ-tông, có thể truyền thống mãi lâu dài. Theo các lý do đó, Vũ-chi-Đường bày tỏ hết tình-hình tâu lên xin quyết nghị về việc hương-hỏa nói trên, hễ con trưởng chết, mà không có con trai, thì phần hương-hỏa phải giao cho con trai của con thứ hay con út, để trừ bỏ cái tệ tranh dành, và khiến sự truyền thống được vĩnh-viễn. Tờ tâu này được phụng sắc chỉ như sau : « Đã có điều lệ về hương-hỏa : lập đích-tử phải dùng con trong hệ thống, không được lập con trong họ khác phụng thờ tổ tiên, để rối loạn tôn-phái. Nếu trái luật này thì khác gì họ Lã tranh ngôi họ Lưu (1), làm sao mà vững bền được nghiệp nhà ! »

3. — Quan thượng-thư bộ Hình, Thông-chương đại phu, là Nguyễn-Tảo, Đô-cấp sự trung ở Hộ-khoa là bọn Chu-dịch-Huấn tâu rằng : chúng tôi phụng mạng tra cứu để tham chước định các điều lệ về hương-hỏa.

Chúng tôi tra cứu ngày mười bốn, tháng ba, năm thứ mười một niên hiệu Đại-chính, quan Nhất-phủ đặc-tiến, Kim-tử vinh-lộc đại-phu, Thiếu-sư Liêm-quận-Công, giữ chức Thẩm đoán từ tụng là Mạc-minh-Bang phụng mạng tra cứu luật lịnh tiền triều có bốn điều :

Một là cha mẹ chết cả, có ruộng đất mà chưa kịp để lại chúc thư : thế rồi anh em chị em cùng chia với nhau, để ra một phần hai mươi giao cho giám-thủ để phụng sự hương-hỏa : còn thừa (mười chín phần) thì đem chia đều, các con *của nàng hầu thị tỳ thì phần có kém.* Song phải xét nếu cha mẹ có để lại chúc thư, thì phải tuân theo di mạng của cha mẹ ở trong chúc-thư, mới là căn-cứ chính đáng.

4. — Năm thứ ba niên-hiệu Hồng-Đức, con các quan đại thần, quan chức và bình dân, đối với việc phụng sự hương-hỏa, không cứ tuổi lớn hay nhỏ, không cứ quan chức phẩm trật tôn hay

(1). — Đời nhà Hán là họ Lưu, bà hoàng-hậu vua Hán Cao-Tổ là họ Lã. Khi vua Cao-Tổ mất rồi, Lã-hậu muốn đem chấu là họ Lã để thay họ Lưu.

15

旧南ベトナムの学界では，漢文資料は漢字の原文を掲げることが多かった。図は16世紀の『洪徳善政』の現代語訳（サイゴン法科大学叢刊，1959年）で，左ページ，漢文の上が字音の読み下ろしのクオック・グー，右ページがその現代語訳。資料提供　筆者（以下同）

族語に移行する潮流が、漢字、漢文に長《た》けた伝道協会宣教師によって作りだされたことを示している。今日に残る漢字・字喃文『福音書』が物語るように、その布教活動が漢字とローマ字を相互に交えて行われていたことは明らかで、そうした事情がまずローマ字使用をカトリック信徒社会の読書人層に広め、やがて漢字の知識がない信徒のあいだにも新文字が用いられていく素地を醸成したのである。ローマ字によってベトナム語の最初の新聞『嘉定報《ザディン》』が創刊され（一八六二年）、二十世紀初頭にクオック・グーの新聞が相次いで生まれたのも、さらに一九一〇年代には啓蒙思想家らによってクオック・グー普及運動が促進されたのにも、じつは漢字がローマ字で書けるという具体的認識がとりわけ重く受け止められたからに相違なかった。字喃と漢字交じりで書かれる話し言葉の漢字要素、言い換えれば語彙全体に重要な部分を占める漢語が、字喃で書かれてきた民族語彙とともにローマ字で書ける実感は、クオック・グー普及に大きく働いたに違いない。

漢字と決別した要因

クオック・グー普及運動を推進した啓蒙主義者の眼目は、近代語の文章言語（書き言葉）の創造にあった。それなくしては、ベトナム人社会の西欧化、近代化も被植民地支配からの脱却も、絵に書いた餅だと思考されたからである。一九一〇年代後半には、新聞・雑誌をはじめとして出版刊行物のすべてはクオック・グー表記に移り、二十世紀以前には民族語による小説＝散文の文芸をもたなかったベトナム人がこのころ書きはじめた小説も、はじめは中国の旧白話小説に倣った章回形式の体裁をとったが、むろんこれもクオック・グーで書かれた。いや、クオック・グーでしか書けなかったのである。正式の言語であった漢文は、漢字を自国の発音＝字音で読みはしても、あくまで中国語で書かれた文章語でしかありえなかった。漢字からローマ字への表記文字の転換は、外国語の文章表現から、民族語による言語表現へという潮流にほかならなかったが、そもそもその時代まで、民族語彙を書き記す文字、字喃と漢字を混淆《こんこう》して書く書き言葉、文章語をもたなかったベトナム人が、民族語で文章を書くためには、クオック・グーを表記の手立てとして選んだことに何の不思議もない。音節構造が共通する漢字語彙と民族語彙を、おしなべてローマ字で表記することが書き言葉の創造にすぐれて効果的であることは瞭然としていたからである。

字喃の全体は漢字の仮借《かしゃ》に独自の会意と形声の文字を加えたものだが、創意による文字には判じ物的字形や複雑で多画数の文字が少なくなく、ある意味では漢字よりも読解難度が高くてもともと大衆の文字ではなかった。漢字の知識なくしては運用ができないだけでなく、同義異字や同字異体が多い不完全な文字体系で、真に民族文字としての資格があったかどうかも疑わしい。

確かに、この民族の文学尊重の伝統は字喃と漢字の混淆——日本語ふうにいえば漢字仮名交じりか——で書かれた文学作品を生んだが、とりわけ十八、九世紀に世に行われたそれらのすべては長編の定型韻文であって、通常の言語で書かれたわけではなかった。しかも、それはもともと中国の文学作品やベトナム人の漢詩文の、散文から、または漢詩から伝統的韻文への翻訳がその素性で、いわば通俗的な叙事詩の独特な言語として成功したもので、その韻文の言語は演音《ジエンアム》と呼ばれた。それ以前にも解音《ザイアム》と称する漢文をくだいて読んだ字喃漢字混淆文があるが、これは、漢文書き下《くだ》し文に相当する雅文で、漢文の原文があってはじめて叙述文らしき表現になっていたにすぎなかった。こうした演音や解音の言語のいずれもが民族語の書き言葉であったと認識するわけにはいかない。確かに二十世紀の初めまで、村々の郷約や俗例などを記す民間文書がこの文字で書かれたが、書かれたそれは決まり文句の並列というに等しかった。いうならば、西洋近代の到来の時代まで民族語の文章体をもっていなかったということが、まさにその時代にベトナム人がローマ字表記法を短時日に採用することになった大きな要因なのであった。ベトナム人にとってローマ字の採用は、同時に近代語の書き言葉の創造への道筋であったし、この文字を「国語《クオックグー》」という契機もそこにあった。

ベトナムにおける漢字文化の伝播

ベトナム民族の民族形成期が紀元前八世紀から紀元一世紀に比定されるのは、考古学の研究成果から得られるもっぱらの説である。特徴的な青銅器遺物で知られるドンソン文化期における民族揺籃《ようらん》時代の実態は、要するに部族集団や部族連合社会の文化が統合される過程であり、民族語の形成期であった。その下限が、紀元一世紀ということになると、中国文献から推してすでにそのころベトナム人の上層社会には漢字が伝わっていたと考えられる。定説ではベトナム語の歴史は五つの時代に区分され、唐代末期にいたるまでの言語が原始ベトナム語(越南漢字音形成以前の言語)と一括されるが、その民族語形成には漢代末期に伝播した漢字が、媒体として何がしかの働きを果したかもしれないし、上古の中国語からの語彙借用もすでにそのころに出来していた可能性は十分にある。

ベトナム人の歴史記述では、その祖先の古代国家「甌駱《アウラク》」は、秦の南征軍が秦滅亡後の漢代前半期に広東に維持した分権王国、南越の勢力下にあり、元鼎《げんてい》六(前一一一)年に南越が漢に攻略されると、中原王朝の版図に帰した。漢の武帝は南海郡(=広東)を中心とした南越勢力圏に交趾《こうし》九郡を置いたが、このなかで交趾《こうし》、九真《きゅうしん》、日南《じつなん》三郡が今日の紅河デルタから中部ベトナム北部あたりで、しかも交趾九郡全体の治所は交趾（ハノイ付近）に置かれたから、ベトナムの今日の首都のあたりは漢の南方辺境行政の中心でもあった。ベトナム人にたいする漢の政治支配は儒教の宣布を根幹とする同化政策をもって行われたが、中国的秩序にたいする甌駱社会の摩擦は激しく、後漢建武年間にその上層階層に指導された大規模な反乱が起こったことが『後漢書』の文字に残される。中国側は反乱の制圧後に、現地社会の伝統的秩序をやや容認してベトナム人を慰撫《いぶ》したというが、乱後のベトナム北部には中国人の移住も大々的に行われ、おそらくこのころ、ベトナム人の上層は、漢字の知識を有したばかりでなく中国語の能力を相応に身につけたバイリンガルではなかったかと思われる。

小中国の発展

中国南方の一部の民として中国人によって支配されていた漢代から唐末までの時期をベトナム人は北属期と称するが、北属期はベトナム人が漢字文化の受容のもとに開花するとともに、ややもすれば中国の政治支配に抵抗して民族独立を追求した歴史過程である。しかしベトナム人の正史の記述では、後漢末には現地の官にベトナム人が選任されはじめたといい、また中国史料によると、唐会昌《かいしょう》五（八四五）年にはベトナム人にして長安で会試《かいし》を受験する者は八人に、また明経《めいけい》（経書の意味を問題とする科挙の科目）の受験者も一〇名に制限しなければならなかったようだから、少なくとも唐代にはベトナム人が科挙《かきょ》をつうじて中国本土の官に任ぜられることが少なくなかったのは事実で、北属の実態を今ふうの言葉で植民地というのとは少し違うようだ。

唐帝国が衰微すると、まず土着の武人が、節度使を自称して現地の実権を握り、九六八年にはベトナム人が国号を大瞿越《だいくえつ》と称し、独特の年号も定め、中原王朝の支配から脱して民族独立を達成した明確な意思を示した。それは漢字文化に靡《なび》きながら、中原王朝の支配に抵抗するという撞着《どうちゃく》的な両側面をもつ現地の民の北属期の歴史の到達点であると同時に、ベトナム人が漢字文化を伝統文化に重層して中国風社会を発展させていく出発点でもあった。

一〇〇九年に最初の長期政権として出現した大越国李朝をもって、中国式に体裁を整えた王朝がこの南溟《なんめい》の地に建てられることになる。李朝四代の仁宗は昇竜《タンロン》（＝ハノイ）に文廟《ぶんびょう》を設け、国子監《こくしかん》を建て、やがて儒教を国家統合の原理とし、科挙によって官を用いる国柄の基礎が築かれる。実際に科挙が機能するのは一二二五年に滅んだ李朝にかわった陳朝の後期、それが整備されるのはさらに一四二七年に創立される黎《れい》朝からだと説かれるが、この道程で注目すべきことは、独自の漢字音の形成である。

『後漢書』にはすでに洛陽から派遣された太守が「学校」を設けて現地の民を教導したことが記されているが、唐代の安南都護府もまたここに学校を置いて漢字の学問を教え、そこで教えられたのは唐代長安の規範的字音であった。長安の規範音とは、反切《はんせつ》をもって漢字の音を記した字書として知られる『切韻《せついん》』や、これを継承した切韻系韻書に示されている漢字の音で、ベトナム人は隋唐時代の正しい中国語の「中古音」を学んでいたことになるわけだが、唐の滅亡後、中国と直接的な支配関係が断たれたあとの民族独立社会で成立する独自の字音は、このいわゆる漢字の中古音を反映して形成されたと考えられる。その漢字音は日本漢字音の漢音と同淵源であることになるわけである。だが、今日に伝えられたベトナム漢字音には中古音との比較で説明がつかないものも少なくなく、そのなかには日本の呉音のようにより古い時代に民族語に混入した漢字音の痕跡や、また李朝時代に入って北宋の開封《かいほう》方言の音などの影響や、その他による字音の形成も指摘される。しかしいずれにしても李朝初期前後の約一世紀ないし一世紀半のあいだに、その言語が先に述べた時代区分でいう「古代ベトナム語」(越南漢字音が固定した時代の言語)の時代に入ったということになるのであって、この国の漢字文化は中国式政治が導く唐風社会の発展にともなって、字音で読まれる借用語彙の漢語がこの言語に次第に夥しく溶けこんでいくなかで発展していった。

漢字漢文教育の伝統

李朝以降の歴代王朝における士大夫層の文化は、公的行為における漢字漢文の実用と、知的営為を漢文によって実践する史書の編纂や四書五経の衍義《えんぎ》などの学問、そして漢詩文の創作などを中心に発展した。国家統合の原理となった儒教が説く三綱五常《さんこうごじょう》の倫理思想もようやく民間に普及し、漢訳仏典を読誦《どくじゅ》する仏教が国民宗教として形成されていく一方で、老荘思想や道教もその重要な側面を形成した。衣食住の生活文化にはそれなりに中国文化が取り入れられ、中国の年中行事や俗信または風水などもそのまま行われるようになった。

しかしベトナムの知的社会の最も大きなファクターは科挙《かきょ》制であり、科挙を目標にした漢字の学習と学問であった。それぞれ独自の漢字音を形成した日本、朝鮮・韓国、ベトナムの、中国文化の摂取の深度と落差を比較するのはきわめて興味深いが、われわれとの比較でいえば、ベトナムでは中国風の政治が発展する途上で、日本人に縁がなかった宦官《かんがん》と科挙のもつ意味は小さくない。とりわけ科挙については、ベトナムには山ほどの話題があるといっていい。

朝鮮の李朝では、科挙は事実上両斑《ヤンバン》階層しか受験できず、厳しい身分社会を築く素因となったが、ベトナムでは古来、伎工《ぎこう》=役者・芸人を除いて門地《もんち》、階層にかかわりなく科挙はすべての男子に門戸を開いた。郷試《きょうし》・会試《かいし》・殿試《でんし》の三段階の試験制度は陳朝から始まり、黎朝では科挙出身の官僚が政権の中枢を握った。その制度は阮朝に最も整備するが、往古の科挙の盛行は、今日、ハノイに史跡として保存される文廟の構内に林立する、歴朝の会試合格者の出自と氏名を刻した進士題名碑がこれを物語っている。科挙は中国の学問の科目別試験によって官僚を選挙する——選んで推挙する——制度だが、その受験が一部階層の特権でなかったことが、ベトナムで漢字教育と漢文の学習が比較的に裾野を広げていったといっていい。

国子監における学問はともかく、漢字の学習が一般階層にどのように行われていたかは明確ではないが、科挙官僚が職を辞して帰郷すると、そこに学塾を開いて学問を授ける慣《なら》いは陳朝期からみられ、近世阮朝では、地方に多くの村塾があって漢字を教え漢文の素読を青少年に与えた。雇われ農業労働者の子であったホーチミンの父が、こうした環境からでて進士同出身=第三ランクの進士合格者に名を連ねたことなどが、そのわかりやすい例であろう。漢字学習書には中国の学童の学習書『明心《めいしん》宝鑑』や『三字経《さんじきょう》』などが用いられたほかに、独自に『一千字』『五千字』などが作られ、阮朝期には字喃による漢越対訳の『幼学五言詩』『初学問津』その他多くの漢字学習書があった。現代でも、字喃部分をクオック・グーに転写して漢字・漢語とベトナム語が対照になった『一千字』『五千字』『明心宝鑑』などの出版がみられるが、かつてはこうした学習書の段階を経て、四書の素読などに入っていったと考えられる。今日のごく日常の言語に漢字の二文字からなる双音節詞の漢語が夥しく含まれているだけでなく、「不共戴天」(共に天を戴かず＝「不倶《ふぐ》戴天《たいてん》」)をそのまま読み下《お》ろした慣用句 bất cộng đái thiên や、次に挙げる例文のように漢文の虚詞を交えた文語表現 huống hồ 「況乎」(いわんや……をや)、あるいは bất đắc dĩ 「不得已」(已《や》むを得ず)などがそのまま頻《しき》りに用いられるのは、このような漢字と漢文の素養の積み重ねの痕跡である。

Xe đạp còn đuổi kịp huống hồ xe hơi

(自転車でさえ追いつけるのだから況《ま》して自動車ならなおさらだ)

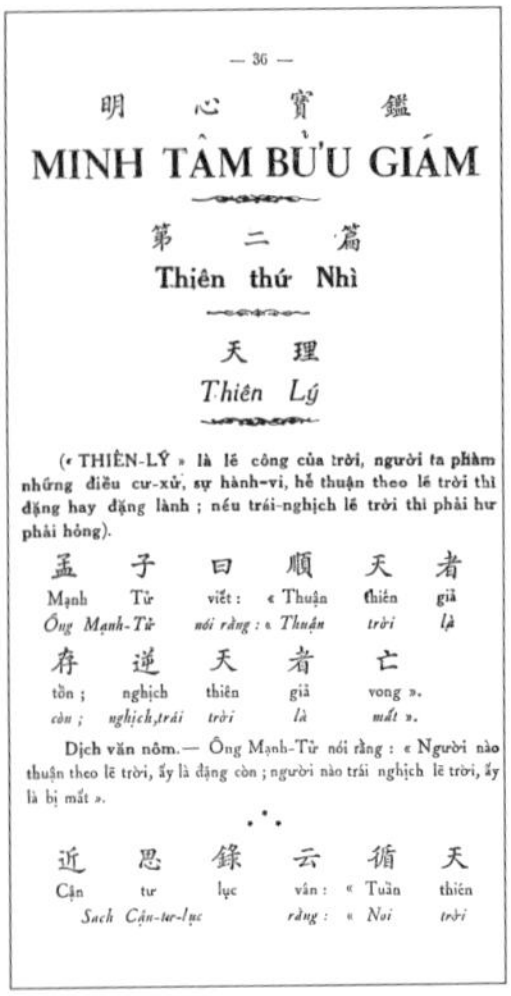
— 36 —

明 心 寶 鑑

MINH TÂM BỬU GIÁM

第 二 篇

Thiên thứ Nhì

天 理

Thiên Lý

(« THIÊN-LÝ » là lẽ công của trời, người ta phàm những điều cư-xử, sự hành-vi, hễ thuận theo lẽ trời thì đặng hay đặng lành ; nếu trái-nghịch lẽ trời thì phải hư phải hỏng).

孟 子 曰 順 天 者
Mạnh Tử viết : « Thuận thiên giả
Ông Mạnh-Tử nói rằng : « Thuận trời là

存 逆 天 者 亡
tồn ; nghịch thiên giả vong ».
còn ; nghịch,trái trời là mất ».

Dịch văn nôm.— Ông Mạnh-Tử nói rằng : « Người nào thuận theo lẽ trời, ấy là đặng còn ; người nào trái nghịch lẽ trời, ấy là bị mất ».

近 思 錄 云 循 天
Cận tư lục vân : « Tuần thiên
Sach Cận-tư-lục rằng : « Noi trời

中国の『明心宝鑑』はベトナムでも漢字の学習に使われていた。図は，現在でも書店に置かれている『明心宝鑑』。漢字の下にあるのは字音の読み下ろし，その下が逐語訳。その下に記述されているのが，かつて漢字字喃交じりで書かれていた解音文のクオック・グー表記。

Bất đắc dĩ lắm mới phải nhờ đến anh.
（已《や》むを得ず君にお願いするのだ）

おわりに――漢語と近代化

漢字を負の遺産とする思考は、かつての中国で、ラテン化新文字によるローマ字表記の提唱のような例にみられた。結局、中国の言語政策は、簡体字の制定と漢字のルビとして用いる拼音《ピンイン》ローマ字の普及に落ち着いたが、ベトナムでは漢語、漢字語彙がその民族語彙＝「やまと言葉」とともにローマ字書きになって、すでに一世紀を迎えようとしている。この歳月の間に、ベトナム語の常用語彙に占める漢語の比率は、近代語彙の漢語表現によって大きく増加してきたのが実情である。むろん具体的な語彙のなかに用法の変遷があるのは当たり前で、昨今はやりのドイモイ đổi mới（＝刷新）は前後の音節ともに民族語だが、漢語でも表現できたし、逆にロケットを hỏa tiễn［火箭《かせん》］といっていたのが、ベトナム戦争中から tên lửa〝火の矢〟という民族語音節にいいかえる、連接する漢字音節のそれぞれを民族語音節におきかえる「越訳語」が、ときには好まれるような個別的な事実はある。が、社会生活の近代化にともなって、科学・技術的表現に漢語を要する度合も多くなっている。漢字が負の遺産か否かはともかく、漢語が近代化の武器であることは、西欧近代の輸入にあたって日本人が、新概念の把握に近代漢語を創造することによって成功したことが証明している。ベトナム人が独自に漢字音節どうしを連接した双音節詞も、ふえこそすれ減少する傾向にはない。

漢字を忘れたベトナム人は、それにしても高等普通教育ほどの教養があれば、漢語語彙についてはおおよそのところでそれが漢字だという意識が喚起されるようにみえる。それを彼らは「漢字かどうかは感じでわかる」というように説明する。漢字そのものは知らなくても前後の文脈で判断できるという意味らしいが、その素朴な「感じ」が保存されている言語文化は貴重な財産であろう。

声調をも加えた分別でいえば、構造形式がまったく同じである漢字音節と民族語音節を合わせたベトナム語の音節の総数は六八〇〇前後の勘定になるが、その二音節を連接する双音節詞は、漢字音節どうし、民族語音節どうしの連接のほかに、これらがたすき型に連接する重箱型、湯桶型の構造その他があり、双音節詞を形成する前後の音節の互換が成り立ちやすく、漢字音節どうしのベトナム語独自の新たな連接によって語彙を拡張することも自由にできる点で、科学的または技術的語彙の造語にとって甚だ有利な条件をもっている。

かつてハノイを「長安」と称《よ》んだベトナム人は今でも科挙で行われた称号をそのままに、大学入学資格を tú tài「秀才」、大学卒業者を cử nhân「挙人」、学位取得者を tiến sĩ「進士」と称する。そこにはそこはかとなく古典的中国文化の香りが漂う。しかしながら実は、ローマ字によって漢字を保存しているということがベトナム語の稀《まれ》な特質で、おそらくこれからも、それが彼らの近代化の促進にとって有利に機能していくのではないかというのは、率直な実感である。

中国少数民族の変形漢字

西田 龍雄

中国の少数民族は、例えばチベット族が七世紀に創作したチベット文字を永く伝承しているように、伝統文字をもつ大言語があり、それに混じって、ほとんどの言語も、今ではラテン文字を採用して共通文字による表記法を確立している。(1) 中には苗語《ミヤオ》のように、三大方言それぞれに専用の表記法をもっている民族もいる。ところが一方で、流通範囲はかなり限定されるものの、漢字を自己風に改めて独特の変形文字を作って使っている集団もある。このことは案外に知られていない。変形漢字は、漢語方言を学習する際に親しくなる方言文字とはまた違った世界である。それを紹介してみたい。

漢字は東アジア地域の世界文字であった。東アジアの社会で、漢字が古くから文字によって言葉を書き表す手本のように思われてきたことはいうまでもない。周辺の諸民族はそのすばらしい見本を常に意識し憧れ、その文字の背後に横たわる偉大な文化を敬愛した。漢字自体が小篆《しょうてん》から隷書《れいしょ》そして楷書《かいしょ》へと発展し、字形が整えられると、周辺の民族にとっても漢字はさらに接しやすい存在となった。

どの少数民族にも漢文漢字に通じた知識人がいて、漢字を借用して自言語を書き表す試みを行っている。自民族の祭祀の儀礼、天地創生の神話、歴史伝説から歌謡にいたるまであらゆる文化遺産を書き残そうとした。

そのような試みは、解放後各民族がラテン文字を借りて専用の表記法を考案しようとする行動と、基本的に異なるところはない。手近にあった漢字が効率の悪い表意字形であっただけである。ともに既存の字形をどのように転用するかの問題であり、筆者が文字学の重要な一分野としたい「文字実用論」の好個の対象となる。

幸い、漢字を借用した民族の多くは、漢蔵《シナチベット》語族に属する、単音節を主体とする言語集団であったから、その転用は手間をかけずに、素直に遂行されている。

哈尼《ハニ》族の記録

最も単純な形は、自言語の発音によく似た読み方をもつ漢字を選んで書く方法である。いわば万葉仮名のような使い方である。当然のことながら、この方法が最も広く運用された。例えば雲南省墨江哈尼族自治県で話される豪尼《ハオニ》土語を記録したハニ知識人は、「不嫣」の二字でハニ語 pu^{55}-mɔ^{33} 〝太陽〟を、「妹」でハニ語 mɛ^{55} 〝地〟を表記した。(2) それらの漢字は本来の意味から離れて、ハニ語を思い浮かべるヒントを提供しているにすぎない。おそらくハニ知識人は、身近にあった漢字を偶然使っただけで、その選択には体系的な考慮はもたなかったと思われる。

もう一つの方法は、漢字の意味をつかんでハニ語で読む、つまり訓読法である。音読と弁別するためには、漢字の字形にある目印をつける必要があった。ハニの知識人は例えば月を円で囲んで㊊を $pɔ^{33}lɔ^{33}$ と訓読した。日月創生神話を書いた『不媽㊊媽迭』は $pɯ^{55}$-$mɔ^{33}lɔ^{33}mɔ^{33}ti^{31}$ と読む。〝太陽と月の創生〟の意味である。あるいは「走」と「去」を組み合わせた⿺走去は zi^{33}〝行く、歩く〟と読むなど、いかにも漢字らしい形を新造して訓読字であることを示した。このような手を加えた字形を一括して、変形漢字と呼んでおきたい。

侗《カム》族の変形漢字

貴州省の東南部に居住する侗族は、訓読字には×印か・印をつけた[3]。例えば挑または挑を taap「かつぐ」と読ませた。そして音読には二字ないし三字を表音的に運用する、より正確な方法を採用している。「尼亜」は nya^{2}〝君〟、「其阿姆」は $tyhaam^{31}$〝歩く、行く〟をそれぞれ表記し、姆を使って、末尾子音 -m を明確に示している。文字と言葉のあいだに体系的なつながりに欠ける違和

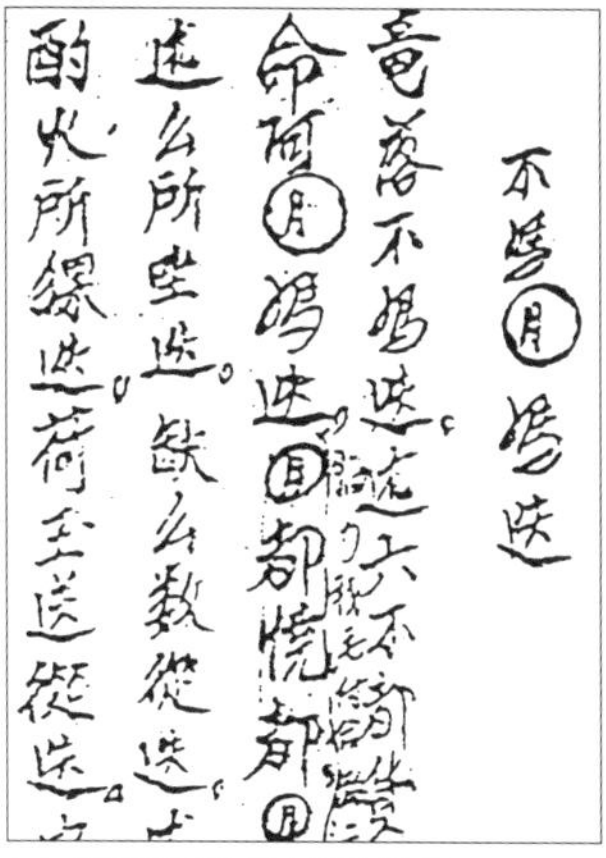
ハニ族変形文字「太陽と月の創生」資料提供　筆者（以下同）

感だけが増大したためか、ハニ族やカム族のあいだでは、それらの変形文字はついに民族共通文字として成長しなかった。

苗族の文字

苗族の言語は、三つの大方言に分けられる。[4] (1)湘西方言、(2)黔《キン》東方言、(3)川黔滇《テン》方言(湘=湖南省、黔=貴州省、川=四川省、滇=雲南省)それぞれに若干の下位方言があって、相互にかなりの方言差がみられる。現在は一九八〇年以降復活した三種のラテン文字表記法が普及するなかで、(3)の川黔滇方言に属する滇東北次方言には、ラテン文字と並行していわゆる老苗文が使われている。これは今世紀の初め、イギリスの宣教師サミュエル・ポラードが考案した、変形ラテン文字のことである。

ポラードはラテン文字を大きく変貌させ、カナダのエスキモー人のキリスト教徒のために新造された字形を一一字借用し、独創的文字を考え出した。大文字(子音字)二九と小文字(母音字ほか)三七からなり、子音字を中心にして、その上方または右方三カ所に母音字を配置する。母音字の四つの位置は同時に声調を表示するという方法をとっている。恰好のよくない字

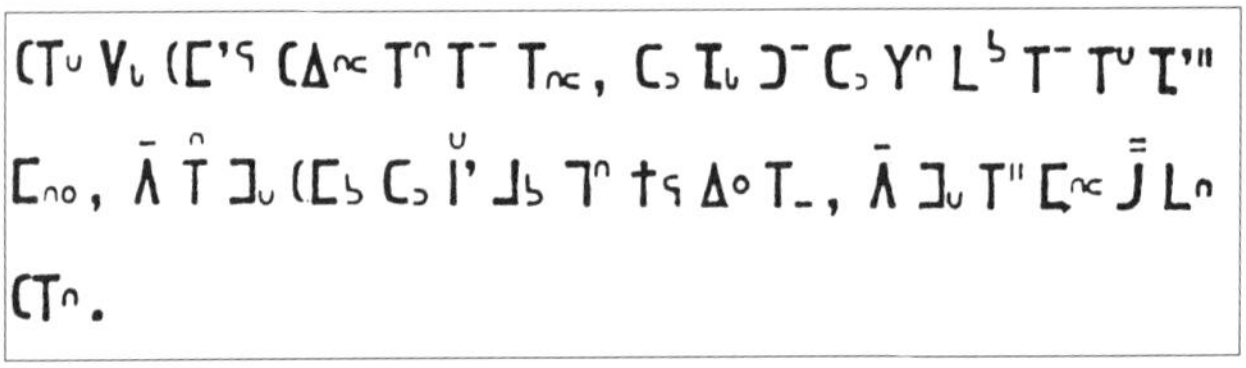

老苗文字(ポラード文字)による『聖書』(一部)

形でわれわれにも習得しにくい文字である。苗語に訳された『聖書』『賛美歌』などはこの老苗文で書かれているほか、『苗族遷徙《せんし》古歌』故事伝説や苗族詩歌などにも老苗文が使われている。

一方、湘西方言地区には、漢字をもとにした独特の文字が三種類あることが、最近になって明らかになった。(5) 清末に苗族の知識人が作った変形漢字で、板塘《はんとう》苗文、老寨《ろうさい》苗文、古丈《こじょう》苗文と名づけられている。はじめの二つは今でも相当広い範囲で流通しているらしい。

苗族は古来歌謡を愛する民族として知られ、古くから伝承した苗歌を記録し伝えることは、歌師たちの強い願望であった。三種の変形漢字はいずれも歌劇の集団が作りだしたものである。板塘苗文は、苗族歌師石板塘(一八六三〜一九二七)が考えだした文字で、一〇〇〇字余りを作って『苗文字正譜』(『閲読苗歌習字』ともいう)に収めた。その書物は、漢字と苗文字、苗文字と漢字を対照して示す体裁をとっていた。二部手写本があったが、ともに散逸している。ところが、貴州省花垣《かえん》県龍潭鎮一帯の苗族歌師たちは、現在なおこの苗文字をよく記憶し使っているという。

老寨苗文は、同じ花垣県の別の苗村、麻栗《まりつ》場《じょう》老寨村に残る変形漢字である。民間文学を熱愛した苗族文人たちが苗歌劇団を結成し、苗歌を記録し苗歌劇の脚本を編集するために創作したもので、この民間の歌劇団は付近数県の苗族村落で活動をつづけ、老寨苗文はそのなかに今も生きている。

この二種の苗文字を研究する趙《ちょう》麗明《れいめい》さんは、実地調査で数十万字の資料を集め、そこから約五〇〇字の板塘苗文と一〇〇字余りの老寨苗文をとりだし、字典を編集中であると書いているが、まだ世に出ていない。

三番目に挙げた古丈苗文は、『古丈坪庁志』（光緒丁未〈一九〇七〉年撰）に収録された一〇〇字余りの変形漢字をさしている。誰が作ったのかわからないが、以前そのような苗文字があったと故老が伝えた記録である。苗族に限らず、どの少数民族も変形漢字を作ってはやがて消滅し、また別の形を作るという歴史を繰り返してきたのかもしれない。痕跡を残さない変形漢字が数多くあったような気がする。

この三種の苗文字は、同じ苗語方言を対象に考案されたものであるから、期せずして近似の字形をとることがあっても不思議ではない。若干の例を挙げてみる。（変形漢字を「　」に入れた）

板塘「⿰犭罷」、老寨「⿰犭八」、古丈「⿰犭巴」、苗語 mpa^{53} 〝豚〟。いずれも偏《へん》は意符、旁《つくり》は音符。

板塘「⿱召田」、苗語 ntšio^{53} 〝見知る〟。上・下ともに意符、会意字。

老寨「⿱刅米」、苗語 lhie^{53} 〝ご飯〟。上は音符、下は意符、形声字。

古丈「靇」、苗語 noŋ^{53} 〝雨〟。上は意符、下は音符、形声字。

例外なく既存の漢字から任意に音符・意符を選びだして組み替えた変形漢字である。また意符を改めた異体字や、意符・音符の配置が自由に許される異体字もある。

「⿰口受」〝声〟、「噥」〝食べる〟など口偏をつけて音読を指示する字形や、「⿰色白」〝白〟、「⿰色工」〝赤〟、「⿰身左」〝左〟、「⿰身右」〝右〟などの特定の漢字を意味範疇《はんちゅう》に指定した字形は、ことのほかおもしろい。

また、「⿹乙一」〝一〟、「⿹乙二」〝二〟のように、数詞は漢字を乙で囲って作るのも特異である。

壮《チュアン》族の変形漢字——古壮字

広西壮族の社会では、変形漢字の創作はより大きい規模でさらに古くから行われていた。そこでは方塊《ほうかい》壮字あるいは古壮字、もしくは土字あるいは土俗字の名で呼ばれており、壮語でいう saur^{24}dip^{54}は〝生の（未熟の）文字〟の意味である。壮族はこの文字を一〇〇〇年余りの長い歴史をもつものと信じ、自民族の貴重な文化遺産の一つと考えている。事実、各地の壮族は、古壮字を漢文に挿入し、創世史話、哲理詩から民歌や故事にいたるまで記録し、また書信にも使った。巫経《ふきょう》や碑文にも現れ、解放前には古壮字で書かれた書物は数多く編まれた。それにもかかわらず、古壮字は全民族に通用する文字とはならなかった。現在は、広西南部の一部地域で、劇団の脚本や民歌本などに使われている。方言の違いを反映した異体字、個人による異体字を含めた多量の資料が集積され整理されたが、研究の急速な進展はあまり期待できない状況にあった。一九八〇年代後半から徐々にその成果が公開さ

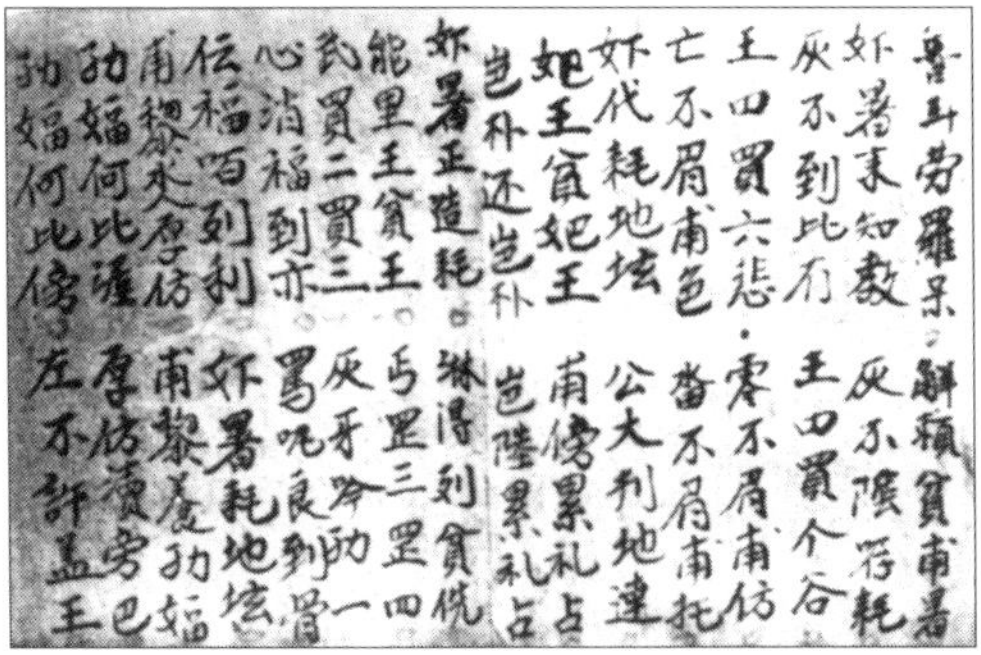

古壮字『布洛陀』

れはじめた。

武鳴地区（北部方言）に流通した一〇〇〇字余りを集めた張元生氏の「壮族人民的文化遺産——方塊壮字」[6]はとても有用であるし、古壮字一万七〇〇〇字を収録する『古壮字字典』[初稿、7]が刊行されるにおよんで全貌が少しみえてきた感じがする。五種のテキストを収め注を加えた『古壮字文献選注』[8]もありがたい研究書である。

古壮字の本質も基本的には、漢字またはその変形字の音読と訓読を主体とするところは、上述のハニ族などの変形漢字と異ならない。変形漢字がどのように壮語形とからんで作られているかに興味がもてる。古壮字は音読も訓読もすべて一字一音節に読み、多音節には読まない。ごく大まかに分類してみると、(1)漢字の訓読、(2)音読・訓読混じり、(3)目印をつけた音読字、(4)漢字の全体あるいは偏旁二つを選び一方を音符・他方を意符として組み替えた字形、(5)双方ともに音符とする字形、(6)双方ともに意符とする字形、(7)独創の字形、となる。

古壮字一字一字についてなぜそのような意符・音符が選ばれているのかを検討する必要がある。ときには壮語方言形の反映であり、ときには壮語の歴史研究とつながっているのである。おもしろい例を一つだけ挙げておきたい。「⿰月血」と「⿰要血」はともに〝腰〟$r\text{ɯɯt}^{35}$にあたる。意符「月」と「要」は漢字「腰」を分解した形であるが、なぜ音符として「血」が使われているのかは、壮語の「血」が$l\text{ɯɯt}^{33}$と発音することを知ると解ける[9]。

リス族の音節文字

　最後にリス族の創作した音節文字について触れておこう。雲南省の西北部に住むリス族は、現在共通文字としてラテン文字（新リス文字）をもつほか、今世紀の初頭、宣教師フレイザーが考案した変形ラテン文字（老リス文）も使っている。老リス文はフレイザー文字とも呼ばれ、大文字のみを土台にして字形を逆さにしたり、コンマやピリオドなどを声調表記に転用する奇抜な文字組織を具《そな》えている。最も大きい特徴は、チベット文字などと同じように、ラテン文字をa母音含有型に仕上げたことである。例えばB, B: と書いて[$ba^{35}ba^{31}$]"父"と読ませる。この文字はキリスト教徒のあいだで今なお生命力をもっているが、上述二種の文字のほかに、もう一つ維西《ウエイシ》県のリス村で通用する音節文字がある。久しく実態がつかめなかったが、近ごろようやくその一端が知られるようになった。[10]

　その音節文字はリス族の農民、汪忍波《おうにんぱ》（一九〇〇～六五）が考案したもので、一九二四年から五、六年のあいだに広まり、一九八三年に

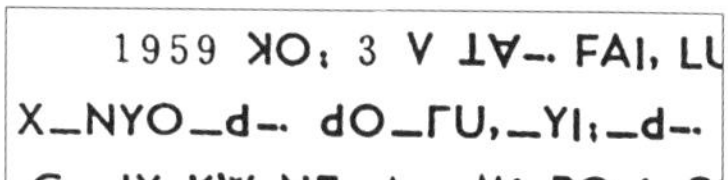

老リス文字（フレイザー文字）による『猟歌』（序の一部）

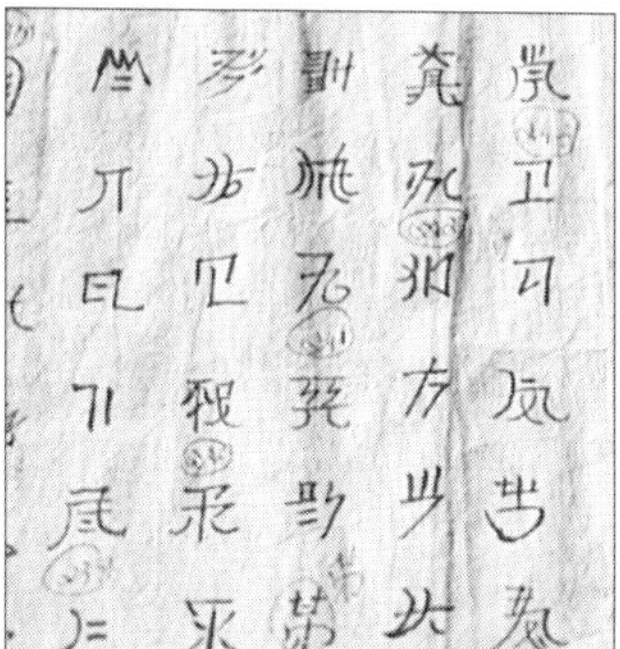

新リス音節文字

は維西県城北地域で使用者は一万六〇〇〇人に増えていたという。汪忍波はその文字を押韻《おういん》した長短不ぞろいの二九一句からなる歌にまとめ、『傈僳《リス》語文課本』として公にした。現在判明しているのは九〇〇字ほどであるが、それはリス語の音節文字として適当な数である。縦書きで左から右に行を移す。『祭天古歌』（創世記、占卜辞、大極図、暦法）という書物もあるという。この文字の特徴は、上述のような変形文字ではなく、独創の象形字形と漢字や納西《ナシ》文字からの借用形を混用するその形態にある。そしてとくに注目すべきは、若干の字形を手近にある漢字や納西文字から借りるけれども、本来の読み方と意味から離れてまったく関係のない価値を与えている点である。チェロキー・インディアンが一八二一年にラテン文字にまったく異なった音価を与えてチェロキー音節文字を作りあげたのに似ている。例えば「王」をsa^{44}と読み〝二〟の意味を与える。同じように「人」をtsy^{44}〝切りそろえる〟、「目」をdu^{31}〝入る〟とするなどの例がある。どの字形も、たとえ表意文字であっても群（組織）から離れて一人歩きできる例として、大きな意義をもっている。

この音節文字は、筆者の文字実用論にとっても得がたい研究対象なのだが、残念ながら資料が不足していて、まだその全貌は十分につかめていない。

おわりに

古壮字をはじめとする変形漢字もリス音節文字も民間で作られた点で共通し、北方地域で新興国家が国家事業として遂行した疑似漢字——契丹《きったん》、西夏《せいか》、女真《じょしん》文字の創作とはおのずと異なって、[11]ついに民族共通文字とはなりえなかったのである。将来たとえ限定された範囲で生き延びることはあっても、やがてはラテン文字に取って代えられ消滅する運命にあるように思える。しかし一定期間、人々の記憶にあり、言語情報を担った実績は忘れることができない。

注

（1）『中国少数民族文字』（中国蔵学出版社、北京、一九九一年）
（2）王爾松「哈尼方塊字」（『哈尼族文化研究』所収、中央民族大学出版社、北京、一九九四年）
（3）梁敏『侗語簡志』（民族出版社、北京、一九八〇年）
（4）王輔世『苗語簡志』（民族出版社、北京、一九八五年）
（5）趙麗明・劉自斎「湘西方塊苗文」（『民族語文』一九九〇年、一期）
（6）『中国民族古文字研究』所収、中国社会科学出版社、北京、一九八四年
（7）広西民族出版社、一九八九年
（8）張元生、梁庭望、韋星朗編著、天津古籍出版社
（9）清朝の初めごろの古壮字を記録した単語集が三種残っている。『鎮安府属土州県司訳語』（七一語収録）壮語南部方言の記録、『太平府属土州県司訳語』（一〇七語収録）壮語南部方言の記録、『慶遠府属土州県司訳語』（一六二語収録）壮語北部方言の記録。独特な組み合わせ文字が多く、見ているだけで楽しい。拙著『漢字文明圏の思考地図』ＰＨＰ研究所、一九八四年、参照。
（10）木玉璋「傈僳音節文字造字法特点簡介」（『民族語文』一九九四年、四期）
（11）西夏文字については、拙著『西夏王国の言語と文化』（岩波書店、一九九七年）および拙文「漢字周辺の文字と西夏文字」（石川九楊編『書の宇宙』巻九所収、二玄社、一九九七年）を見られたい。

東南アジア華人と漢字文化

田中 恭子

ベトナムを除いて、東南アジアは漢字文化圏の外にある。ベトナム以外のどの国も、土着言語を漢字で表記することはないし、歴史的にもそうした経験をもたない。彼らの文字は、インド系のもの（タイ、ミャンマー、ラオス、カンボジア）、アラビア系のもの（過去にマレーシア、インドネシア、ブルネイで使われた）、ローマ字（ベトナム、マレーシア、インドネシア、ブルネイ、フィリピン）のいずれかである。

しかし、東南アジア諸国を訪れると、たびたび漢字に出会う。とくに都市ではその頻度が高い。むろん、国により地方によって差はあるが、商店の看板が漢字であるとか、漢字で書かれた新聞や雑誌を売っているといった光景は、かなり普遍的である。いうまでもなく、これは土着の人々でなく華人と呼ばれる中国系移民が使っているものである。彼らが持ち込んだ中国語（華語）の表記法として、彼らが生活のなかで使っている漢字なのである。

したがって、東南アジアの漢字文化は、域外からの、しかも主として十九世紀後半以降に入ってきた、比較的新しい移民の文化である。しかし、東南アジアはそれまで漢字とまったく無縁であったわけではない。中国との交流は古くからあったし、少数ながら華人移民の渡来もすでに漢代からあったといわれる。また、現在の東南アジアにおいて華人は有力なエスニック・グループであり、その文化的影響力は軽視できない。

表1にみるように、東南アジア華人の人口は二〇〇〇～二五〇〇万人と推計され、東南アジア総人口の約五パーセントを占めており、経済・教育においては、土着民の平均を上回る高い水準にある。しかも、華人はすでに居住国の国民として定着しており、彼らの文化は居住国の文化の一部として受け入れられている。この意味では、漢字文化は東南アジアにも広がっているといえなくもない。ただし、漢字文化の広がりは、あくまでも華人コミュニティ内に限定されており、他のエスニック・グループにおよぶ様子はみられない。

表1．東南アジアの華人人口
1989年（万人）

マレーシア	520.0
シンガポール	209.0
タイ	610.0
インドネシア	650.0
フィリピン	120.0
ブルネイ	5.5
ベトナム	100.0
カンボジア	30.0
ラオス	1.0
ミャンマー	85.0
合計	2,330.5

原注：これらの数字は，新聞の小さな記事と関係者の推計に基づいてまとめたもので，参考に供するにすぎない。
出典：李原・陳大璋『海外華人及其居住地概況』北京，中国華僑出版公司，1991年，7ページ，附表1より作成。

本稿では、まず、中国と東南アジアの交流史を概観し、ついで、華語による教育と華語新聞（華字紙）に発表された文学作品を検討する。第二に、第二次世界大戦後の東南アジア諸国の言語政策による華語と漢字の地位の低下、華人のアイデンティティの変容、それらにともなう漢字文化の衰退過程を跡づける。最後に、最近の東南アジアにおける漢字文化の復権を考察し、将来の展望を試みる。

東南アジアと一口にいっても、国によってかなり事情が違い、一般化できることはむしろ少ないといってよい。しかし本稿では、各国の事情に深く立ち入る余裕はないので、可能な限り一般化を試みる。一般化できない部分については、一部の国についてのみ考察する場合もあるが、ご寛容いただきたい。なお、本稿でいう「東南アジア」は、とくに断ってある場合を除いて、ベトナムを除く東南アジア九カ国をさすものとする。

歴史的背景――華人移民とアイデンティティ

中国から東南アジアへ大量の移民が出たのは、アヘン戦争（一八四〇～四二年）以後のことであるが、中国の史書には、すでに二世紀から中国人が東南アジアに渡航していた記録があり、また、東南アジア（南洋と呼ばれた）の諸王国から中国への朝貢の記録も同じころから始まっている。東南アジアに定着した中国人で、記録上最も早いのは、後漢の時代（二五～二二〇年）に渡ったグループである。

その後、東西交易が盛んになった唐代（六一八～九〇七年）には、揚州、泉州、広州が南洋貿易の基地として栄え、南洋に定着する華人商人もふえた。南宋の時代（一一二七～一二七九年）には、華南の開発が進んだので、南洋貿易はさらに増大した。また、元代（一二七一～一三六八年）には海外にかんする情報が豊富になり、航海技術も発達したため、海外渡航者も飛躍的にふえた。当然、南洋に居住する華人商人もふえ、現地人の女性を娶《めと》って子をなした者も少なくなかったという。

　しかし、東南アジア各地に「唐人街」ができたのは、明朝の永楽年間（一四〇三～一四二四年）以降である。永楽帝は、鄭和（一三七一～一四三四）の率いる大艦隊を海外に派遣するなど、積極的な対外交流政策をとったが、この時期にジャワやマラッカに多数の広東・福建出身の商人が渡航し、定着したといわれる。その後、倭寇対策として海禁政策をとったので、対外交流は衰退したが、十六世紀末から十七世紀にかけて、再び開放に転じ、交易も出国者も急増した。

　華人の東南アジアへの移民と定着は、交易目的の者が主体であるが、中にははじめから定住目的で渡航する者もあった。例えば、逃亡する犯罪者、王朝の交代などで迫害された知識人（政治犯）、東南アジア各地の王家や貴族などに招聘《しょうへい》された知識人や職人などがそれである。東南アジアにおいては、中国からの移民は先進的な技術その他のノウハウをもたらす者として、歓迎され優遇された。中国への朝貢使節や外交文書の作成など、外交関係の仕事に華人を登用する国もあったことが知られている。

　明代以降、東南アジアを含む東アジア世界の国際関係は、中国との朝貢（藩属）関係を軸に展開した。このため、中国との外交はもちろん、藩属国どうしの外交においても、しばしば中国語が共通語として使われ、外交文書は中国語すなわち漢字で書かれた。例えば、琉球王国が東南アジアの国々と交わした外交文書は、すべて中国語（漢字）で書かれている。このため、琉球王国においてそうであったように、東南アジアでも華人移民とその子孫が外交の任に当たった国もあったのである。

しかし、十九世紀以前に東南アジアに定住した一般華人がどのような言語を使い、どのような文字を使っていたかについては、今後の研究に待つしかない。華人で現地語に堪能な者が通事《つうじ》として働いたことが知られているので、少なくとも華人の一部は現地語を習得したことがわかる。そうであれば、当然、現地の文字を習得する者もあったと思われるが、おそらく漢字を使う者のほうが多かったであろう。まだ文字がさほど普及していなかった時代に、華人の多数が現地の文字の習得を必要としたとは考えにくいからである。

時代が下るにつれて増加したとはいえ、アヘン戦争以前の移民は、それ以降の移民に比べるときわめて少数である。統計はないが、現在の東南アジア華人のなかで、アヘン戦争以前の渡航者の子孫たちが占める比率は、一パーセントをこえることはないであろう。中国から東南アジアへの大量移民は、十九世紀後半以降の現象であり、そのピークは一九二〇年代である。華人は比較的新しい移民なのである。

華人が比較的新しい移民であること、一九四一年まで新移民の大量流入が続いたこと、華人が都市に集中していたことの三つの理由で、彼らの現地同化はゆっくりとしか進まなかった。一九五〇年代以降、彼らは居住国の国籍を取得し、それにともなって政治的アイデンティティは徐々に中国から離れ居住国に移った。しかし、文化的アイデンティティは、なお中国から完全に離れるには程遠い。現代東南アジアにおける漢字は、そうした華人の文化的アイデンティティと密着したかたちで存在しているのである。

華語・漢字教育と文学

すでに述べたように、東南アジアにおける漢字は、中国語を書き表すためにだけ用いられるので、中国語が使われなければ漢字も使われない。では、十九世紀以降の近代東南アジアでは、中国語はどのように使われてきたのだろうか。東南アジアの近代は、欧米による植民地化とともに始まり、華人移民の大量流入は植民地支配のもとで起こった。植民地化をまぬがれたタイも、華人にかんしては他の東南アジア諸国と類似の過程をたどっている。

まず、確認しておくべき事実は、華人移民の圧倒的多数は貧しい農民出身で、学校教育を受けない者、読み書きのできない者も多かったということである。彼らの当初の意図は出稼ぎにあり、ほとんどは男性の単身渡航であったが、十九世紀の終わりごろから現地で家庭をもつ者が急増した。都市に定住した移民たちは、教育の必要性を理解し、学校にたいする需要が高まった。かくして、十九世紀末ごろから少しずつ華人子女のために中国語で中国式の教育を行う学校(華語校)が設立されるようになった。

華語校は華人コミュニティが独自に資金をつのって設立・運営する私立学校であった。教師は中国から招き、カリキュラムも教科書その他の教材も中国から取り寄せた。定住者がふえるにつれて学校もふえ、とくに一九二〇~三〇年代には華語校が急増した。増加を示す数字の一例として、英領海峡植民地およびマラヤ連邦州の数字を表2に示した。この地域は華人の集中地なので、これを一般化するのは危険であるが、趨勢《すうせい》はみてとれよう。

また、一九二〇年前後に、従来まちまちだった華語校の教育言語を中国共通語(華語)に統一し、書き言葉を文語から口語に転換している。口語化によって教育の大衆化が進み、華字紙の読者層が拡大

表2. 英領海峡植民地およびマラヤ連邦州における華語学校, その児童・生徒および教師数 1921~38年

年	学校数	児童・生徒数	教師数
1921	265	n.a.	589
1922	391	n.a.	980
1923	537	n.a.	1,362
1924	564	27,476	1,257
1925	643	33,662	1,390
1926	657	36,380	1,493
1927	665	40,760	1,637
1928	696	43,961	1,806
1929	711	46,911	1,900
1930	716	46,367	1,980
1931	657	39,662	2,021
1932	669	41,858	1,929
1933	731	47,123	2,021
1934	766	54,618	2,371
1935	824	62,014	2,730
1936	860	70,483	3,058
1937	933	79,993	3,415
1938	1,015	91,538	3,985

出典: Yung Yuet Ling, "Contribution of the Chinese to Education in the Straits Settlements and the Federated Malay States, 1900-1941," M.A. thesis, University of Malaya, 1967, pp.72-73.

し、新聞の文芸欄を舞台に東南アジア独自の華文文学が誕生した。むろん、専業作家が生まれたわけではなく、華語校の教師や華字紙の編集者・記者などが趣味的に書いたのである。したがって、作品は詩、随想、短編小説など短いものであり、質的にもとくに優れているとはいえない。独自とはいっても、最初は作者のほとんどが中国生まれで、上海の文壇をめざしていた。

では、東南アジア華文文学の独自性はどこにあるのか。まず第一に、テーマである。リアリズムの名のもとに、身近な事物・現象・問題を取り上げたので、中国文学とは違っていた。第二に、スタイルである。現地をテーマとすれば、当然、現地の言語でしか表現できないものがでてくる。華人社会では日常語として福建語、広東語などの中国南方方言を話し、華人社会の外では土着言語や欧米の言語などが使われているという多言語環境を反映して、しばしば南方方言や現地諸言語の語彙や言い回しが現れ、独特のスタイルをつくりだした。中国では見慣れない、特殊な漢字が使われて、独特の雰囲気をだしている。

第三に、作家たち自身の独自性の主張である。これを象徴するのは、マラヤ・シンガポールにおいて、第二次世界大戦直後に行われた「独自性論争」である。中国の作家たちがマラヤの華文文学を中国文学の一部と位置づけたのにたいして、マラヤの作家たちは、それが中国文学とは別の独自の文学であると主張したのである。この背景には、華人のアイデンティティの変容があった。作家たちも大部分が現地生まれになり、現地への帰属感が強まっていたのである。

しかし、華文文学の担い手が現地アイデンティティをもつことは、漢字文化の衰退を予感させるものであった。彼らは華人社会の文人であり、漢字の知識が最も豊富なグループであった。彼らの多くは書道に親しむなどして、漢字に愛着をもっていた。このグループの現地化は、華語の重要性の低下、漢字にたいする愛着の希薄化を予想させるからである。

漢字文化の衰退

華人のアイデンティティの変容は、東南アジアにおけるナショナリズムの高揚と無縁ではない。独立への展望が開け、新たな国民国家の形成が日程にのぼって、移民はこれに参加するか、外国人の地位にとどまるかの選択を迫られた。現地生まれの華人は参加の意欲を示したのである。しかし、現地ナショナリズムの高揚は、「外国人」にたいする排除・差別を内包するものであった。国民統合・言語統合の強い要請のもとで、華人は同化を期待され、華語は制限される運命にあったのである。

一九四〇年代後半から五〇年代にかけて、ほとんどの国で華人に市民権を与えるか否かが大きな政治問題になり、職業や居住地域について差別的な政策がとられた。中国が共産化し、華人がその手先と疑われたことも、差別の要因となった。華語や漢字は、華人と中国をつなぐ言語・文字として、抑圧の対象となった。各国とも国民教育制度の整備過程で、華語校を禁止あるいは制限した。国民教育の枠内に華語校の存在を許したのは、マレーシア(小学校のみ)とシンガポールだけである。それ以外の国では、華語教育は私立学校(私塾)のかたちで存続しているが、効果を上げているとはいえない。

対華人・華語政策において最も厳しいのは、インドネシアである。とくに一九六六年以降、華語と漢字の使用を禁止し、華字紙も看板などの漢字も禁止した。政府系のバイリンガル(華語とインドネシア語)紙だけが辛うじて残っているが。一九九〇年、中国との国交は再開されたが、華語の解禁はいまだ「検討中」である。華人・華語文化に寛容な国はタイとフィリピンである。華語や漢字の使用もほぼ自由で、町でも漢字をよく見かけるし、華字紙もあり、特定の学校では華語の授業も許されている。しかし、通婚《つうこん》(土着民と華人が互いに結婚すること)も含めて、土着社会が華人を受け入れた結果、同化が進み、華語文化は次第に失われつつある。

マレーシアでは、公立扱いの華語小学校は華人児童の八割を集めて安定しているが、私立の華語中学(六年制)は、政府の支援もなく、卒業資格も認められない。このため、財政も苦しく、卒業生の進学も難しい状態にある。シンガポールでは、華語の経済価値が英語に及ばないため、子女を英語校へ入れる華人がふえつづけ、ついに一九八六年に華語校は消滅した。しかし華語は、小中学校での二言語教育のかたちで、華人の必修科目となっている。

政府はまた、一九七八年以降「華語を話そう」運動を展開しており、方言にかえて華語を話す華人は確実にふえている。毎年十月を「華語を話そう」運動月間と定め、テーマを設定してキャンペーンを展開しているが、一九八五年のテーマは漢字で、その美しさとすばらしさを認識するよう呼びかけた。しかし、こうした運動が必要であることは、逆に「華人国家」シンガポールにおける漢字文化の衰退を示すものであろう。

二言語教育によって現在三十歳以下の華人は、ほぼ全員華語の読み書き話しができるようになった。しかし、以前の華語校と違って、華語は教育媒介語ではなく「第二言語」という授業科目である。しかも、授業は話すことに重点をおき、漢字は第二義的である。目標は小中学校（六プラス四年制）で二〇〇〇字の習得、すなわち、華字紙が読める程度である。二〇〇〇字は決して少ないとはいえないが、問題は華語に関連する中国の歴史や文化の科目がほとんどないことで、「漢字の美しさ」など知りようがないであろう。

華人と華語の扱いは、常に重大な政治問題であったが、漢字も例外ではない。華人が使う漢字の字体は、中国大陸で使われている簡体字と、台湾で使われている繁体字に分けられるが、東南アジア各国がどちらを使うかは政治的に決められている。冷戦下で台湾と国交のあったタイ、フィリピンは繁体字を使い、台湾と国交をもったことのないシンガポール、マレーシアは簡体字を使っている。もっとも、シンガポールは一九六九～七六年に三つの簡体字表を制定して切り換えを行ったが、マレーシアは八〇年代半ばになって切り換えた。マレーシアは中国がもはや脅威でないと見極めてから簡体字を採用したのである。

漢字文化の復権 ── 現状と将来

皮肉なことだが、戦後から現在にいたる華語文化の受難時代に、華語の出版はふえつづけ、現在空前の盛況をみせている。シンガポール、マレーシアでは、華字紙の購読者もふえている。しかし、これは華語文化の基盤の拡大よりも、すでに存在していた基盤が経済力をつけたことを意味するものであろう。一九七〇年代までは、華語校の出身者たちは、経済的にも社会的にも恵まれず、個人で本を買ったり、新聞を購読したりする余裕のない者が多かった。一九七〇〜八〇年代の経済成長がこの状態を変えたのである。

一九八〇年代には、中国の「改革・開放」が華語文化に有利な環境をつくった。まず第一に、中国相手のビジネスが盛んになり、華語の経済価値が高まった。第二に、中国が革命輸出の意図を放棄したので、中国にたいする脅威感がうすれ、華人や華語や漢字が敵性のものとはみなされなくなった。第三に、華人の現地アイデンティティが明確になった時期と重なったため、彼らの華語や漢字にたいする愛着が土着民に理解された。マレーシア華人の文化的権利の主張は、その好例である。

一九九〇年代に入って、全ASEAN諸国が中国と国交をもち、中国経済の高度成長と市場化・国際化が定着した。中国とASEAN諸国の関係の発展にともない、各国の政治指導者たちが自国の華人や華語文化を活用する姿勢に転換した。彼らから、華語教育や漢字文化にたいする規制の撤廃ないし緩和へ向かう発言があいついでいる。おそらく、ここ数年のうちに規制緩和が実現し、華語・漢字文化の復権を促進すると思われる。

すでに機能している復権要因は、華人の国際的なネットワークである。中国ビジネスの拡大を契機に、また華人世界の経済成長にも支えられて、華人の国際会議が頻繁に開かれるようになった。情報交換やネットワークづくりをねらうビジネス関係の会議だけでなく、同姓団体や同郷組織の国際会議、華人・中華文化・華文文学などをテーマとする学術会議も多い。これらの国際会議は、中国・台湾の代表も参加し、華語を主たる共通語として運営され、中華文化の共有を確認するのである。中国・台湾は華人の中華文化アイデンティティを重視し、重要な宣伝活動の場として国際会議を活用している。

華語文化・漢字文化の復権は否定できない趨勢であるにせよ、東南アジア華人が漢字文化へ回帰するのは容易でない。マレーシア以外の国では、国民教育を受けた華人たちは、すでに表音文字に慣れてしまっている。彼らにとっては、漢字は難しい文字なのである。表音文字と違って、漢字は形が複雑なうえに数が多いからである。困難を乗り越えて漢字を習得するには、強いインセンティブ(動機)が必要である。中国との経済・文化関係や中華文明の誇りが強いインセンティブとなりうるのは、一部の華人エリートのみである。大多数の華人に漢字習得のインセンティブを与えるものが現れるであろうか。

マレーシアとシンガポールでは、漢字文化の未来は明るいであろうか。確かに文学を中心とする華文出版はこれら両国に集中し、しかも増加の一途をたどっている。両国の華語教育が縮小される兆候はなく、逆にマレーシアでは、華語校に通うマレー人が二〇〇〇人を超え、華語大学設立の可能性も出てきた。したがって、マレーシアとシンガポールの漢字文化は、相当期間にわたって現在の水準から急落することはなく、知識水準の向上や教育の拡大もありうる。しかし、両国とも華語は第二言語にすぎないし、マレーシアの華語大学も華語のみを使うわけではない。

東南アジアの漢字文化は、苦難の時代を抜けでたとはいえ、明るい未来が待っているとはいえないようである。しかし、経済発展と中国との関係拡大に支えられて、複数言語に熟達したエリート層を中心に、かなりの水準を維持していくものと思われる。

参考文献

〈邦文〉

荒井茂夫「マラヤ華人文芸定着化の考察」、三重大学『人文論叢』四号（一九八七年）、六九〜八四ページ。

同「華文文学の方向性——試論、求心力と独自性」、三重大学『人文論叢』一一号（一九九四年）、二九〜四四ページ。

高良倉吉『琉球王国』、岩波新書、一九九三年。

田中恭子「マラヤの華文文学——移民のアイデンティティの変容」、中部大学『国際研究』六号（一九八九年六月）、一〜三三ページ。

藤田剛正『アセアン諸国の言語政策』、穂高書店、一九九三年。

松本三郎・川本邦衛編著『東南アジアにおける中国のイメージと影響力』大修館書店、一九九一年。

溝口雄三ほか編『漢字文化圏の歴史と未来』大修館書店、一九九三年。

〈英文〉

Aziah Kassim and Lau Teik Soon, eds., *Malaysia and Singapore: Problems and Prospects* (Singapore: Singapore Institute of International Affairs, 1992).

Suryadinata, Leo, ed., *Ethnic Chinese as Southeast Asians* (Singapore: Institute of Southeast Asian Studies, 1997).

Suryadinata, Leo, ed., *Chinese and Nation-Building in Southeast Asia* (Singapore: Singapore Society of Asian Studies, 1997).

Tan, Liok Ee, *The Politics of Chinese Education in Malaya, 1945-1961* (Kuala Lumpur, Oxford University Press, 1997).

〈華文〉

王賡武（姚楠編訳）『南海貿易与南洋華人』香港、中華書局、一九八八年。

呉鳳斌主編『東南亜華僑通史』福州、福建人民出版社、一九九三年。

方修『馬華新文学及其歴史輪郭』シンガポール、万里文化企業公司、一九七四年。

楊松年『新馬華文文学論集』南洋商報社、一九八二年。

李原・陳大璋『海外華人及其居住地概況』北京、中国華僑出版公司、一九九一年。

林孝勝編『東南亜華人与中国　経済与社会』シンガポール、新加坡亜洲研究学会ほか、一九九四年。

林水檺・何国忠編『中華文化之路』クアラルンプール、馬来西亜中華大会堂聯合会、一九九五年。

盧紹昌『華語論集』シンガポール、自費出版、一九八四年。

中国の漢字の伝統と現在

高田 時雄

漢字の現況

二十世紀末の現時点で、漢字はほぼ三つの異なった姿で使用されている。まず中国のいわゆる簡体字であり、次に台湾などで用いられている古い字体(これを繁体字と呼ぶ)、それに日本の常用字体とである。もちろんこの三種がたまたま同じ形のままの場合もあるが、異なっている文字はかなり多い。例えば「艺」(中国)「藝」(台湾)「芸」(日本)、「图」(中国)「圖」(台湾)「図」(日本)、などがそうである。[1]

現在の東アジアにおけるこのような漢字の錯綜した状況は、戦後の日本と中国のそれぞれが独自にとった文字政策に由来するところが大きい。日本では戦後、一九四六年に当用漢字の範囲を定め、一九四九年には「当用漢字字体表」が発表された。これが今日の日本で通行する漢字字体の始まりであり、以来五〇年近く用いつづけられている。中国では、漢字の簡略化は日本よりやや遅れて、一九五六年に文字改革委員会が「簡化漢字方案」を提出、試行に移され、一九六四年には二二三六字からなる「簡化字総表」が公布されて、今日の簡体字の基礎が築かれた。その後、一九七七年には、簡略化をいっそう推し進めた「第二次漢字簡化方案草案」なるものが発表されたが、これはかなり極端なもので、「副」を「付」とするなど同音字の合併も多く、不評のため一年足らずで姿を消した。現在では一九八六年の「簡化字総表」が行われている。

中国の簡体字表には「偏旁簡化表」が含まれており、単に個々の漢字の簡略化だけではなく、偏《へん》や旁《つくり》、すなわち漢字の部品それぞれが簡略化の対象になっていることに注意すべきである。例えば「貝」や「馬」などの部品は、漢字のどの位置に現れても「贝」「马」となる。したがって「员」(員)「则」(則)「贯」(貫)「驿」(駅)「骂」(罵)「骞」(騫)のような漢字は、独立しては表に載っていないにもかかわらず簡略化が適用されることになる。一方で、日本の常用漢字は、そもそも漢字制限を前提としているために、常用漢字表に見えない漢字、すなわち表外字は簡略化されないのが原則である。例えば、「尽」は「盡」を簡略化したものだが、「灰燼」の「燼」は表外字であるために、もとの形を残している。同様に「訳」「択」「沢」などの旁は簡略化されて「尺」になっているのに、「銅鐸」の「鐸」はそのままである。中国ではこういったことは起こらず、基本的にすべて簡略化される。つまり日本の漢字簡略化は不徹底であって、全体としての簡略化の度合いも中国とはかなり大きな開きがあるといってよい。一般の日本人が簡体字で書かれた中国語の文章に接したときに受ける違和感は、この徹底度の違いに由来するところが大きい(2)。日本・中国にたいして台湾では、漢字の簡略化を行っておらず、基本的に『康熙《こうき》字典』(3)以来の繁体字が用いられている。こうした中・日・台の漢字にたいする政策の違いが、現在の混乱した状況を生んだ直接の原因である。日本と中国が相次いで漢字簡略化の道を歩んでいなければ、漢字字形の一体性は保持されていたであろうし、また簡略化を行うにしても、漢字を使用する国々が共同して取り組むことができていれば、混乱は生じなかったであろう。しかし現実には、さまざまな歴史的経緯の結果、上述のような状況が現出することとなった。漢字字形の再統一は、コンピュータ用の漢字コード統合と並んで、二十一世紀に残された課題となるのは間違いない。

中国における漢字以外の文字

中国の文字といえば、何といっても漢字である。三〇〇〇年以上の長い歴史をもち、現在にいたるまで連綿として用いつづけられてきた文字は、たしかに世界の奇跡といってよいものである。漢字よりも古い伝統をもつ西アジアの楔形《くさびがた》文字やエジプトのヒエログリフは早い時期に歴史から姿を消し、表音文字に席を譲った。表意性という、文字の古いスタイルを保持しつづけている漢字は、今日ではきわめて特異な存在であり、現代社会に適合しにくい面をもつことは否定できない。しかし一方で、三〇〇〇年にわたる輝かしい中華文明の遺産は、漢字によって伝えられてきたものであり、漢字なくしては中華文明の継承もありえない。多くの中国人の念頭にあるのはこの考えである。漢字は中国に

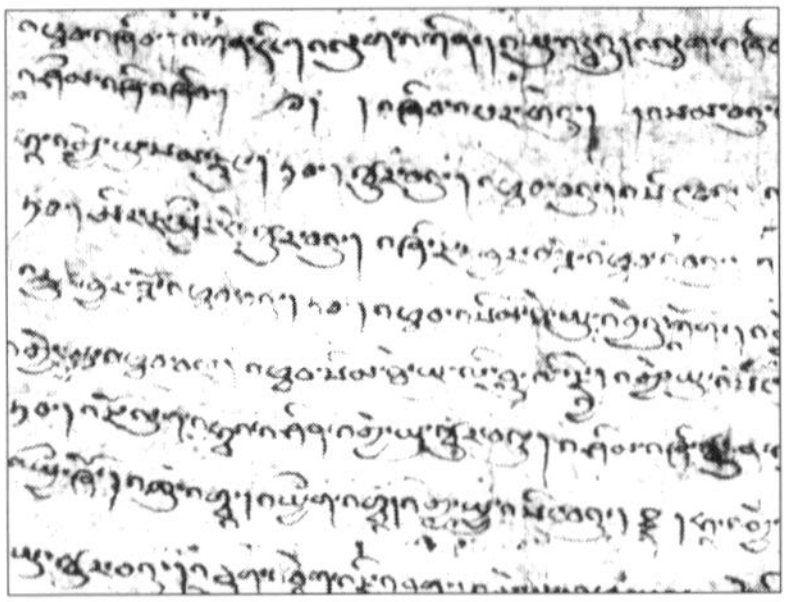

10世紀敦煌で書かれたチベット文字による中国語写本。左から右に読む。資料提供　筆者(以下同)

1307年のパスパ文字碑文。縦書きだが，行は左から右に読む。

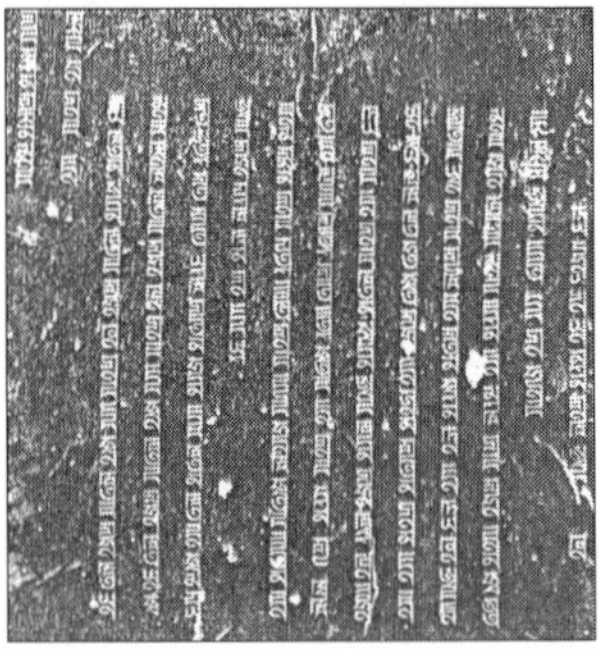

とって非常に重い荷物であるものの、これは先祖伝来の大事な家宝であるため、そう簡単には捨ててしまえないのである。しかも時代がたてばたつほど骨董《こっとう》としての価値が上がるため、いよいよ捨てにくくなる。

では歴史上、これまで漢字以外の文字で中国語が書かれたことはなかったのであろうか。実はこの種の試みは決してなかったわけではない。

中国の西北、甘粛《かんしゅく》省にある敦煌《とんこう》は仏教芸術の花開いた土地としてあまりにも有名だが、九～十世紀のころ、このあたりではチベット文字で中国語を書くことが行われていた。八世紀の七〇年代から九世紀の半ばにかけて、敦煌はチベットの支配下におかれたが、そのために現地の中国人のなかにはチベット文字で自分たちの言語を書き記す者が現れた。その影響はかなり長く残り、敦煌がチベットの支配を脱却したあとも、チベット文字の使用は継続したのである。これは今世紀初頭に敦煌の千仏洞から発見された、いわゆる敦煌写本の研究によって明らかになった。チベット文字はインド起源の表音文字であり、したがって、これは中国語が表音文字で書かれた最も古い例の一つといえる。漢字に比べて学習に容易であるために、漢字に習熟しえない階層に行われたものと思われるが、畢竟《ひっきょう》、漢字にとってかわることができず、この試みが永続することはなかった。

元朝のフビライにより国字として制定されたパスパ文字は、一二六九年にチベット文字を基礎として作られたものだが、モンゴル語のみならず中国語を書き記すのにも用いられた。元朝期には、モンゴル朝廷の権威を背景にして相当程度用いられたものと思われ、今日でも碑文や印章をはじめ各種の遺物に名残をとどめている。しかし民衆的基盤をもたなかったために、元朝の瓦解《がかい》とともに次第に用いられなくなった。

上記二例は、もはや歴史上のエピソードにしかすぎないが、次の例は今日にも多少の影響をとどめているものである。その一つは中国のイスラム教徒の場合である。中国のイスラム教徒は現在、回族として少数民族の一つに認定されているが、彼らの用いる言語は中国語(漢語)であり、言語的には一般の中国人と何ら変わるところがない。しかし彼らはイスラム教を奉じて、コーランの聖典文字であるアラビア文字を用いる機会が多かった。清朝あるいは民国期には、子どもたちを中心にアラビア文字で自分たちの言葉を書き記すことがしばしば行われ、これを(コーランを大経とするのにたいして)「小経」と呼んだり、「小児錦《シアオアルチン》」と呼んだりしていた。また陝西《せんせい》・甘粛のイスラム教徒は十九世紀後半に大反乱を起こしたが、清朝政府のきびしい弾圧にあい、中央アジアに逃亡した。彼らは旧ソ連のキルギス共和国にドゥンガン（東干）族として命脈を保っている。彼らも当然ながらアラビア文字を用いていたが、ロシア革命ののち、はじめラテン文字を、次いでロシア文字を採用して今日にいたっている。ロシア語からの借用語が目立つものの、基本的には中国語そのものであり、中国語として表音化を実現している稀有《けう》な例である。

もう一つは教会ローマ字と呼ばれるものである。これは十九世紀以来続々と中国に渡来したプロテスタント宣教師が布教の目的で、中国各地の方言のために考案したローマ字表記で、とくにアモイ（厦門）方言に適用されたものは成功をおさめ、聖書などキリスト教関係の書物にとどまることなく広く用いられた。教会ローマ字によってはじめて文字を獲得した人々も多かったと伝えられ、福建や台湾には今でもこれを用いる人が相当数いる。

表音文字の試みのうち、今日でも影響をとどめる

教会ローマ字による書物の一例。

上記二例は、ともに宗教と密接な関連をもったものであり、宗教社会の枠を越えて全国民的な文字になりえなかったのはいかんともしがたい。しかし半面、中華文明の伝統から自由なところでは、中国語も漢字以外の文字で書くことが決して不可能ではないことを証明した点は大きい。

表音文字の試み

アヘン戦争(一八四〇〜四二年)でイギリスに手痛い敗北を喫して以来、中国の近代史は長い苦難の道を歩むことをよぎなくされた。近代国家として再出発するためには、これまでの伝統を払拭して根本的な改革をはからねばならない。同じくアジアの国でありながら、中国に先がけて近代化を達成し、目覚ましい成功をおさめつつある日本が、改革をめざす若い中国知識人の注目を集めたのは当然であった。日本は漢字を用いながら、それ以外に表音文字の仮名を用いて教育の普及に役立てている。中国の近代化のためにはまず教育の近代化が必要であり、教育の近代化のためには日本の仮名のような表音字がなければならない。かくして清朝末期には数多くの表音字の試みがなされた。改革運動家の王照が発明した「官話合声字母」はそのなかでも比較的広く行われたものであるが、ローマ字のような外国の文字をそのまま用いるのではなく、漢字の一部分を簡略化して用いるところが特徴的である。類似の字母はほかにも多く提案されたが[4]、この種の「民族形式」がのちに「注音字母」に結晶していくことになる。「注音字母」は、辛亥革命後の一九一八年に公布制定された。これは中国の歴史上、漢字以

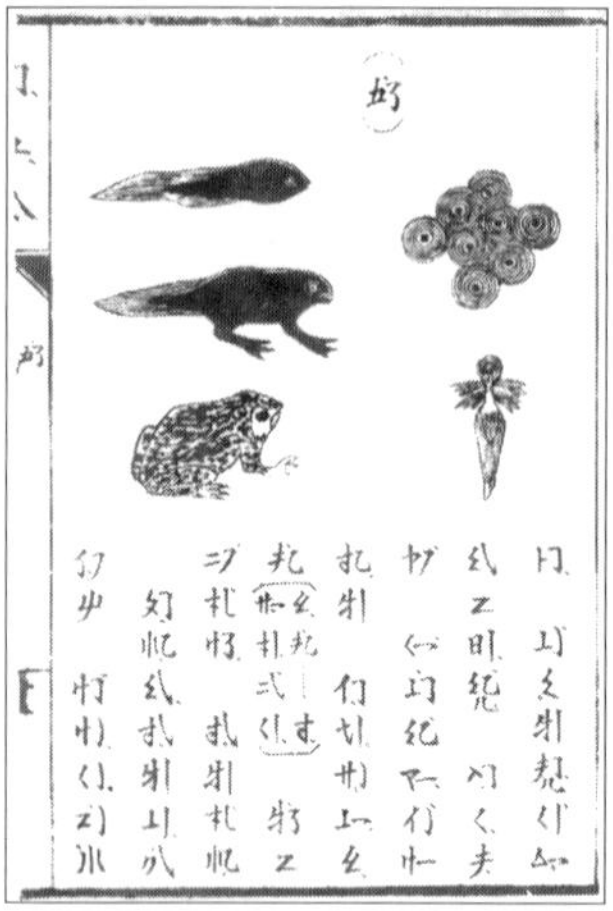

官話合声字母によって書かれた動物学の教科書。

漢字の上が注音字母，下が国語ローマ字。

外の字母として政府により公式に認められた最初のものである。今日でも台湾で用いられ、「国語」の普及に非常に大きな役割を果たした。(5) 日本でも戦前に中国語を習った世代は皆この「注音字母」から始めたものである。

「民族形式」にこだわらず、いっそローマ字を採用しようとする意見も早くから存在した。上記の教会ローマ字の成功もローマ字派の勢力を助長するものであった。清朝が倒れて中華民国が成立し、多くの青年が外国に留学するようになると、彼らのあいだから積極的なローマ字化論が現れたのは自然な勢いであった。言語学者、趙元任《ちょうげんじん》の考案したローマ字表記法は一九二八年に「国語ローマ字」として正式に制定された。この表記法は中国語の声調もつづりによって書き分けられるように工夫された先進的なものであったが、学習にやや困難な面があり「注音字母」ほどには広く普及しなかった。同じ一九二八年、ソ連にいた中国共産党指導者の一人、瞿秋白《くしゅうはく》により設計されたローマ字表記法は、三〇年代にウラジオストックの中国人労働者のあいだで実験的に用いられていたが、やがて上海にもちこまれ「ラテン化新文字」として革命運動の一翼を担いつつ勢力をのばした。

現在中国で漢字の表音に用いられているローマ字、いわゆるピンイン（漢語拼音方案）は、上記の各種ローマ字表記案の基礎に立って一九五八年に施行されたものである。以来、小学校の教材をはじめとして、街路や商店の看板などさまざまな場所にピンインが使われるようになった。今日では、発音表記はもちろん、国際電報や図書索引、専門の術語を音訳する場合など、漢字では不都合な場合に欠かすことのできないものになっている。一九八二年にはＩＳＯ（国際標準化機構）によって、中国語を表記するさいの国際標準として認められている（ＩＳＯ７０９８）。これによって、欧米各国の新聞などは中国語の人名地名にすべてピンイン表記を採用するようになった[6]。しかしピンインには、一般にはなじみにくい文字使用も含まれているため、中国語を知らない外国人には正しく発音されないことがままある。例えば鄧小平はDeng Xiaopingと書かれるが、これを正しくテン・シャオピンと読ませるのはなかなか難しいようだ。

重要なポイントは、ピンインはあくまで漢字の表音記号にとどまり、漢字にとってかわる「文字」ではないとする今日の中国の見解である。毛沢東は「文字は改革しなければならず、世界の文字と共通した表音字の方向へ進まねばならない」という指示を出したとされるが[7]、結局その方向には進まなかった。注音字母にせよピンインにせよ、漢字を補助する表音記号の存在が、かえって漢字の欠点を補完するものであり、決して漢字の地位をおびやかすものにはなっていないことに注意すべきであろう。

漢字の簡略化

表音文字の試みと並行して、漢字そのものを簡略化しようとする動きも同時に存在した。漢字の形態が、歴史上しだいに変化してきたのは事実である。しかし楷書が一般的に行われるようになると、やがて字形は固定化しはじめる。とくに科挙制度が確立すると、その試験では字形の標準から一点一画の違いも許さないようなきびしさが求められたために、正字の権威はいっそう強固なものになった。したがって近代の漢字簡略化の主張は、科挙制度を背景とするこの旧体制への反撃の試みでもあったのである。その胎動はすでに清末からみられたが、清朝が崩壊して民国になると、簡体字の主張が大手をふって行われるようになる。一九二二年、文字学者の銭玄同《せんげんどう》は「現行漢字の筆画減少案」を国語統一籌備《ちゅうび》委員会に提出して、この問題に火をつけた。彼の主張はおよそ次のようなものであった。

文字は道具である。道具である限り実用性が優劣の規準となる。筆画《ひっかく》が多いと、書きにくいうえに時間がかかって実用的ではない。甲骨文字や金文、さらに『説文解字《せつもんかいじ》』の時代へと、漢字の筆画は次第に少なくなっている。宋元以降にもさまざまな俗字が出現して、時々刻々漢字字体は簡略化されてきている。これまで庶民が帳簿づけや、薬の処方箋、小説などに用いてきた俗字である簡体字を、これからは正式の文字として広く教育、文学、さらに一切の学術や政治に応用するようにしなければならない。

以後、さまざまな簡体字の試案が提出されたり、雑誌などで実験的に行われたりしたが、一九三五年八月には、ついに南京の国民政府教育部から、三二四字からなる「第一批簡体字表」が公布された。そこには、（一）「述べて作らず」、（二）社会で比較的通行している簡体字を選んで優先的に採用する、（三）もとの文字の筆画が簡単なものはそれ以上簡略化しない、という三つの原則が規定されていた。これはかなり穏健な方針であったにもかかわらず、強固な反対にあって翌年の二月には廃止となった。

一九四九年の革命後、五〇年代に文字改革が提起されたとき、その任務の第一として挙げられたものが漢字の簡略化であった。その結果、一九五六年の一月に「漢字簡化方案」が公布され、これが今日中国で行われている簡体字の始まりになったことは、すでに冒頭に述べたとおりである。この簡体字がいかにして作られたかというと、まず（一）古い字体の利用である。雲を「云」とし、電を「电」とし、禮を「礼」とし、後を「后」とするようなものは、すべて古体字、あるいは古代に同用・通用された字体を用いたものである。しかし雲を云と書くと、「云う」とぶつかり、後を后と書くと、「皇后」の后と同じになってしまうという不便もある。次に（二）伝統的な簡体字を用いるもので、体（體）、声（聲）、与（與）などがこれに当たる。これらはすでに長く民間で行われていたもので、使用上とくに問題となる点がない。（三）は、草書体の曲線をまっすぐにして楷書体にしたもので、书（書）、为（為）、东（東）、长（長）、乐（楽）などがそれである。これらの文字は、画数は少ないものの、やや書きづらいうえに、どの部首に入るかがわからないので字書で引きにくいという欠点がある。（四）は新しく作った簡体字であり、これにはある地域で一定期間行われていたものも含まれる。杂(雜)、进(進)、灭(滅)、丛(叢)などがこれに属する。そして最後に(五)同音字で置き換えるという方法である。これには、几(幾)、才(纔)、谷(穀)などがある。民国期の「簡化字表」の第一原則が「述べて作らず」であったのに比べて、これらにはいくつかの思い切った新造簡体字が含まれているが、さしたる抵抗もなく施行に移された。今日までにすでに四〇年間用いられてきており、かなりな程度社会に根を下ろしている。しかし簡略化によって、阴阳(陰陽)、说没(説沒)、儿几(児幾)、风凤(風鳳)など字形の紛らわしいものが出てきたことなどは、なお将来への問題を含んでいる。今回の簡体字が基本的に成功をおさめえたのは、革命後の、変革を求める高揚した社会的雰囲気があって初めて可能となったものであった。三〇年代には、ずっと穏健な簡化案でさえも成功しなかったことを思うと、文字改革という課題がいかに社会条件と密接な関係をもっているかを思い知らされる。

漢字の簡略化には、筆画を少なくするというにとどまらず、漢字全体の字数を削減しようという方向も存在した。これは日本で行われている漢字制限と同じ考え方である。現行の簡体字のなかの、同音字によって置き換えるというやり方は、この方向にそったものとも考えられる。しかし原則的にいって、表音文字でないかぎり、文字の数を一定にすることは不可能である。漢字には決まった数がない。五万字とも六万字ともいわれているが、常に増加していく傾向にあるのは、結局それが表音文字でないからである。もし同一の発音は同一の漢字で表記すると決めてしまえば、今日の標準語ではほぼ二千数百の漢字があれば事足りるが、それはもはや表音文字に変えることと同じである。日本には仮名があり、漢字仮名交じり文が行われているために、制限からはずれる漢字は仮名で書けば済む(8)。仮名をもたない中国では漢字制限はきわめて難しい課題である。現在では仮名に当たるものとしてピンインが普及しているのだから、「ピンイン漢字交じり文」が可能なはずで、そういう提案もなくはないが、習慣上そうやすやすと受け入れられるようなものではない。結局、漢字制限はまだ実行に移されてはおらず、今後の展望も明らかではない。

簡体字と漢字の近世史

中国の簡体字が作られた五つの来源について先に触れた。その中心となっているのは、何といっても俗字体の採用であろう。科挙の答案を書くさいに求められる字形の規範はきわめてきびしいものであったが、民間では実用を旨とするさまざまな俗字体が行われてきたことも事実である。こうした俗字体は、国家の定める正字体にたいしては常に日陰の存在であり、公式に認知されることはいまだかつてなかった。その日陰の存在である俗字体を今度は反対に正字体の地位にまで引き上げたのが、現在の簡体字であるといってもよい。二〇年代の銭玄同の提案がそのまま実現したかたちである。これらの簡体字は、すでに長期にわたって民間で用いられてきたために、社会への浸透度も高く、混乱することも少ない。しかし歴史的にみると、明清時代以来数百年程度の伝統のものが多くを占めており、それ以前の唐宋時期から継続して用いられているものは割合に少数である。ところがわが国では、遺唐使の廃止(八九四年)以降、文化的独自路線を歩みはじめ、直接に中国の民間文化と接触することが少なくなった。江戸時代以降はことにそうである。漢字についていえば、奈良・平安期には俗字も含めて中国と共通するものが非常に多かったにもかかわらず、それ以後は、中国で続々と作りだされた新しい俗字がほとんど入ってこなかったのである。つまり日本では中国における漢字の近世史の部分が欠落しているといってもよい。戦後日本の常用漢字字体の多くもじつは民間の俗字体に依拠しているものだが、中国の簡体字と大きな相違が生じたのには、日本における漢字の近世史の欠落が大きな要因になっているのである。いくつかの例を挙げると、発、帰、悪、斉、軽、など日本の常用漢字字体は皆中国の古い俗字に見えるものである。これらにたいして中国の簡体字は、发、归、恶、齐、轻となっていて、おそらくはそれよりも新しい近世の俗字に由来するものと考えられる。

簡体字の影響と漢字の将来

簡体字の導入によって、革命後の中国で幅広い大衆が文字を獲得したということは事実であろう。そのこと自体は否定できない事実である。しかし簡体字の導入が、文盲を追放し識字率を向上させるうえで絶対不可欠なものであったかどうかということになると、確言は難しい。繁体字を保持したまままで、中国よりもはるかに徹底した識字率の向上をなしとげた台湾のような例があるからである。要点は有効な識字教育をいかに組織化するかにかかっているように思われる。簡体字の多くは民間に行われていた俗字に正字体の地位を与えたものである。しかし簡体字が繁体字にとってかわったわけでは決してなく、古典籍のたぐいは相変わらず繁体字で印刷されており、学術雑誌も繁体字のものは少なくない。実態は繁・簡併用なのである。したがって全体としてはかえって異体字の数を増加させることにもなった。さらに中国では文化大革命が終息して、改革開放路線が推し進められるなか、人々のあいだに繁体字への回帰のきざしすらある。中国政府はその流れを押しとどめようとするのに懸命であるようにみえる。ある飲食店チェーンの看板が繁体字であったのを、強権を発動して簡体字に取り替えたというようなことすら伝えられている。

漢字はかつて東アジア共通の国際文字であった。第二次大戦までそうであったといってよいかもしれない。しかし戦後の変化はきわめて大きく、今日では昔日の面影はない。ベトナムはローマ字化したいわゆる「クォック・グー」（国語）を採用した。この国はおそらく将来ふたたび漢字を採用することはないだろう。同じく北朝鮮でも全面的にハングルを用いて漢字の使用を廃止した。韓国でも一時期学校で漢字を教えないことがあったし、日本では戦後、漢字制限を行うなどして、確実に漢字離れが進行している。漢字の存在がかつてほどの重要性をもたなくなっているのは事実であろう。しかし漢字の影が相対的に薄くなったとはいえ、日本や韓国では、漢字を早急に廃止しようとする動きはみられない。漢字仮名交じり文（同様に漢字ハングル交じり文）の認知論的な優越性なども盛んに論議されている。将来の政治情勢の変化いかんによっては、漢字を廃棄した北朝鮮でも漢字が復活してくる可能性はないとはいえない。少なくとも、二十一世紀にも漢字が極東地域で使用されつづけることは疑いをいれない。冒頭でみた、現今の漢字の分裂状況は、決して好ましいものではあるまい。とりわけコンピュータでの漢字使用にともなう諸問題は、早急な漢字字体の統一を要請しているように思われる。この緊急かつ重要な問題にたいしては、関係各国が緊密な共同のもとに解決に当たらねばならないであろう。かつての一体性を回復しうるか否かは、この努力にかかっている。

思えば、中国の簡体字も日本の常用字体も、ともに第二次大戦後の、進歩をめざし、改革を求める狂熱のなかで実現をみたものである。それが今日の分裂状況を生んだ。それにたいし、東アジアにおいて失われた漢字の一体性を回復し、字体の統一を模索することは、望ましいことにはちがいない。しかしそのためには各国の共同した強い意志が必要であるうえに、かつてと同じような社会の狂熱がなくてはならないのかもしれない。

注

(1) 実際には、中・台・日ですべて異なる文字は一一四字ある。

(2) 表外字についても、文部省は、すでに通行している「涜」「鴎」のようないわゆるワープロ字体については認めていく方針であるというが、すべての漢字について偏傍の簡略化を進めるという方向はまだ打ち出されていないようである。

(3) 清朝の康熙五十五(一七一六)年に刊行された勅撰の字書で、中国のみならず日本・朝鮮など東アジア諸国における漢字の規範を示すものとして重きをなした。

(4) この種の試みとして、他に盧戇章《ろとうしょう》の「中国切音新字」、陳虬《ちんきゅう》の「新字甌文」などがある。

(5) 中国語の標準語は、中国では「普通話」と呼ばれ、台湾では「国語」と呼ばれている。定義上では若干の相違があるものの、実質的にはほぼ同じものと考えてよい。

(6) 中国語のローマ字表記として、それまで英米語圏ではウェイド・ジャイルズ式が、フランス語圏では極東学院方式が一般的に用いられていた。

(7) 馬叙倫「中国文字改革研究委員会成立会開会辞」に引く毛沢東の指示。『中国語文』一九五二年七月創刊号。

(8) ただし日本の漢字制限も決して徹底して行われているわけではない。新聞などの公共の場でこそ「ら致」「ち密」といった表記が用いられているが、一般の書物では常用漢字以外の漢字は放任されているのが実情である。

詩歌芸術としての漢字・漢語

――「漢俳句」にいたる日中交流

松浦友久

漢詩受容の系譜

漢字は――「文字」というものの常として――基本的にはコミュニケーションの手段として発達してきた。しかし同時に、その長い歴史のなかで、甲骨文や金文にみられる宗教性や、書道にみられる造型美術性など、漢字の性格を生かした独特の関連分野をも生みだしている。なかでも、『詩経』『楚辞』以来の「漢詩」（漢字詩歌）の世界こそは、漢字の性格や特色が最もよく生かされた、実り豊かな分野の一つといえるだろう。

漢字によって表現された詩歌――漢詩――は、漢字文化の精華として、いわゆる漢字文化圏の諸国においても、早くから関心の対象となっていた。たんに読書の対象としてだけでなく、自らもそれを作り、読む、という全面的な関心の対象となっていたのである。

この点は、わが国においても例外ではなかった。日本に中国の詩歌がまとまって紹介されたのはおそらく『文選《もんぜん》』（六世紀初頭成立）によってであろうが、そうした中国詩文熟読を背景として、奈良時代の中期には、現存最古の漢詩集『懐風藻《かいふうそう》』（淡海三船《おおみのみふね》?編　七五一年序）が編纂されている。すでに散逸した『藤原宇合《ふじわらうまかい》集』(1)や『銜悲藻《かんぴそう》』(2)（石上乙麻呂《いそのかみおとまろ》）はそれ以前の成立であるから、わが国における漢詩集の歴史は、和歌集としての『万葉集』（平安初期?）にも先立つ長い伝統をもっていることになる。

以後、『凌雲《りょううん》新集』『文華秀麗《ぶんかしゅうれい》集』『経国《けいこく》集』（以上は「勅撰三集」と呼ばれる）『田氏家《でんしか》集』『菅家文草《かんけぶんそう》』などに代表される平安朝漢詩や、禅僧を中心とした五山《ござん》文学に代表される鎌倉・室町期の漢詩、また、唐詩・宋詩・明詩・清詩がそれぞれに鼓吹《こぶ》された江戸漢詩など、中国詩に範をとった日本漢詩の実作は、わが国の文学史・文芸史において大きな比率を占めてきた。

受容の歴史が長いだけに、その規範となった中国詩も、時代によって変化している。なかでも、平安初期までの『文選』、平安期の『白氏文集《はくしぶんしゅう》』(3)、室町期の『古文真宝《こぶんしんぽう》』『三体詩《さんたいし》』、江戸期の『唐詩選』などは、たんに日本漢詩文の世界にとどまらず、広く和文系国文学の世界にも影響を与えてきた。いわば、わが国の漢詩受容史における、源泉的な詞華集《アンソロジー》として位置づけることができよう。

漢字・漢語の詩的適性

いうまでもなく「漢詩」は、中国の文語文（古典中国語）で書かれた中国の詩歌様式である。それが、言語を異にするベトナムや韓国朝鮮、さらには日本において、それぞれの読書史や文学史の重要部分をなすほどに愛読され実作されてきたということは、「漢詩」と、それを構成する「漢字・漢語」に、それだけの魅力と普遍性があったことを示しているだろう。

とりわけ日本では、平安朝の初期以来、漢詩はおおむね「訓読」によって読まれ、作られてきたわけであるから、ベトナム漢字音や朝鮮漢字音によって「音読」してきた越・朝両国の場合とはさらに異なった〝翻訳〟レベルにおいても、その魅力と普遍性が立証されていると見なすことができよう。つまり、日本語という外国語の文体・文脈に翻訳されながら、なおかつその愛読と実作を誘いうながすだけの魅力と普遍性を具《そな》えていた、ということである。

ところで、この点をもう少し根本的に考えるとすれば、「中国語」（漢語）という言語と、「漢字」という文字が、「詩」を生みだすうえで大きな適性を具えている、という事実に眼を向けざるをえない。

漢字は一般に「表意文字」といわれることが多いが、実際には「表意」と「表音」とをかねた「表語文字（logogram）」としての性格が強い。このため、時間的（歴史的）・空間的（地域的）な発音の差異・変化を乗りこえて、その意味を正確に伝達しやすい。換言すれば、文字としての安定度が高いのである。

また、文字と言葉の対応関係でいえば、中国語（漢語）の「一音節」が原則として漢字の「一字」によって表されるために、詩歌の「音数律リズム」が視覚的にも確認されやすい。つまり、「一句五音節の音数律リズム」は「一句五字の五言詩」として、「一句七音節の音数律リズム」は「一句七字の七言詩」として、視覚的にも確認される。このため、たとえ「訓読」によって原詩の「聴覚的リズム」は変化しても、「視覚的リズム」のレベルでは、観念あるいはイメージのリズムとして、鮮明に感受されやすい。まして、ベトナム漢字音・朝鮮漢字音・日本漢字音などによって「音読」した場合には――「リズムの根源性・不変性」[4]が作用するために――あたかも、中国各地の方言音で音読する場合と同様の「音数律リズム」が感受されるわけである（ただし、「四声《しせい》」や「平仄《ひょうそく》」の要素［音調律要素］は変質ないし消失する）。

「漢詩」（中国古典詩）という様式が、詩歌のジャンルでありながら、国境や国語や時代の壁をこえやすいのは、このように、「言葉（漢語）―文字（漢字）―詩型（漢詩）」の三者が安定した有機体として結合しているからだ、と判断してよいであろう。

自由詩としての訓読漢詩

「漢詩」による日本と中国の交流ということを考える場合、新たに指摘されなければならない一つのポイントがある。それは、日本における「訓読」中心の漢詩享受（読書と実作）によって生まれた独特の現象――すなわち「訓読漢詩」とは、じつは、日本語詩歌における「文語自由詩」にほかならない、という観点である。(5)——以下、この点について、やや詳しく述べよう。

漢詩自体の生命力の強さが「言語—文字—詩型」の安定した結合性にあることについては、すでに触れた。しかし、日本における漢詩の愛好には、さらに別個の原因が加わっている。

周知のように日本では、平安の大学の明経道《みょうぎょうどう》、五山の寺院、江戸の徂徠《そらい》学派、現代の文学部の中国文学科などのような例をのぞき、漢詩はすべて訓読によって読まれ、作られてきた。むろん、その訓読の文体には、学派や時代によるさまざまな差異はあったわけであるが、その実態が「日本語文語文による、原詩に即した翻訳体」であることは、まったく共通している。

この場合、原詩に即した翻訳(おおむね直訳)であることは、単なる「翻訳詩」——たとえば英詩やフランス詩の現代語訳——を読んでいる場合のような疎外感を読者に与えることなく、あたかも原詩自体を原文として読んでいるような充実感を与えやすい。また事実、原詩に即した直訳は、原詩の文法構造や韻律構造を理解させやすく、その理解を生かした原詩の再構成や、新たな作品の実作をも、可能なものと感じさせやすい。

ギリシア語やラテン語で古典詩が書ける日本の英文学者やフランス文学者はほとんどいないのに、訓読によって漢詩が作れる日本人が今日でさえ必ずしも稀《まれ》でないことは、まさにこの点を要因としているといってよい。

しかし、日本における訓読漢詩の愛好については、より広く、より深い、言語レベルにおける原因が見落されてはならない——。

「短歌」「長歌」「俳句」「新体詩」などが、日本における「文語定型詩」として、日本人の詩情や感性を育ててきたことについては、誰もがよく知っている。一方、これと並行あるいは雁行《がんこう》して、膨大な訓読漢詩の作品群が、「文語自由詩」として日本人の詩情や感性を育ててきたという事実については、従来ほとんど指摘されてこなかった。

しかし、「定型詩」と「自由詩（非定型詩）」は、それぞれ相互不可欠の相補的存在であり、現に各国の詩歌史は、両者の併存のなかで今日にいたっているのが普通である。ただ、一般的にみて、「自由詩」が「定型詩」と同等あるいはそれ以上の発達をみせるのは、各国ともおおむね近・現代になってからであり、「自由詩」の非定型リズムが読者に親しまれた歴史は、相対的に短いといわざるをえない。

これにたいして、わが国の「訓読漢詩」は、少なくとも平安初期以来、千年以上の歴史をもっている。しかもそれは、平安期の「勅撰三集」や江戸期の各藩校・詩社での実作にみられるように、しばしば、「定型詩」としての「和歌・俳諧」以上の社会的地位を保ちつつ、実作・愛読されてきたのである。この場合、各時代・各学派による訓読文体の差異は、「文語自由詩」の自由度を増すプラスの効果として作用したのであり、リズム史的にみてマイナスの効果はほとんどない。

この意味で、わが国の詩歌愛好者は——「定型詩」対「自由詩」という自覚の有無・強弱はさまざまながら——事実上、千年以上の長期にわたって、「定型リズム」と「非定型リズム」の相補的な表現効果を体感しつづけてきたのだといってよい。「定型詩」と「自由詩」が、このように長期的かつ大量に併存してきた事例は、おそらく世界文学史のなかでも稀であろう。

このように、「文語自由詩としての訓読漢詩」という観点は、今後いろいろな面から検討されるべき興味ある問題を含んでいるが、とりわけ重要なポイントは、それがたんなる自由詩ではなく、「視覚的・観念的」には原詩の定型性(五言・七言など)を保ちながら、「聴覚的・音声的」には和文詩歌としての自由律リズムを生んでいる——という点であろう。

この、いわば〝二重性〟の効果は、原詩の「対句」の部分を訓読する場合に、とくに顕著に表れる。例えば、唐代の大詩人、杜甫の『春望』の冒頭の二句、

国破山河在
城春草木深

を、「国破れて山河在り、城春にして草木深し」と訓読するとき、原詩の定型性は、それが「対句」であることによって、いっそう鮮明にイメージされやすい。同時に、聴覚的には、「国破れて(6)山河在り(5)、城春にして(7)草木深し(7)」という「65/77」音の非定型リズムが——短歌における「五七五七七」音の流麗・典雅な定型リズムとは著しく異質の——闊達《かったつ》・自在なリズム感を生んでいるのである。

ちなみに、わが国の詩歌史では、「短歌」や「俳句」という詩型が対句を作るのに適していないために、作者も読者も対句表現への欲求を十分に満足させることが難しい。その点を相補的に満足させてきた

のが、ほかならぬ膨大な訓読漢詩の「対句」の数々であった。
「文語自由詩」としての「訓読漢詩」は、まさに、「漢字詩歌」がわが国において血肉化した事例として位置づけられよう。

流行する漢俳

漢詩による日中の交流という点では、例えば清朝の俞樾《ゆえつ》編『東瀛《とうえい》詩選』(四十四巻、光緒年間)や、近年の孫東臨編『日人禹域《うい き》旅游詩注』(武漢出版社、一九九六年)など、日本人の漢詩の中国出版という事象が、当然ながら重要な意味をもつ。しかしこれは、基本的には中国詩歌からの影響の一環であり、「日本における漢詩受容の一側面」として位置づけるのがふさわしい。

これにたいして、近年、活発な活動のみられる「漢俳」(漢俳句)(6)は、日本の「俳句」が現代中国の詩壇に与えた直接の影響として、交流史的に画期的な意義をもっている。

「漢俳」の実作は、巨視的には、「俳句」国際化の一環として位置づけられよう。近世のイタリアに起こった十四行詩「ソネット」が世界的な流行を示したように、近世の日本に生まれた「俳句」(俳諧)は、その極度の短小性を特色として、今日、各国言語による多くの実作を生みだしている。

とりわけ中国では、「五七五」音の十七字型式が中国の定型詩として最短詩型に属することや、「俳句」が形成史的に「漢詩」の語彙《ご い》・発想と深い関連をもつことなどから、他の国々における「俳句

haiku」実作とはさらに異なった独特の熱意をこめて、「漢俳　han pai」が作られている。

ただし、「季題」や「切れ字」をどうするか、「押韻」の有無や位置をどうするか、「文体」は文語と口語のどちらがふさわしいのか——など、今後の「漢俳」に多くの問題点があることも事実である。しかし、それは同時に、中国現代詩としての「漢俳」の大きな可能性にもつながっているのだといってよい。

また、日本詩歌のがわからみた場合には、「俳句」を母胎とした「漢俳」の流行に比べて、「短歌」を母胎とした「漢歌」の実作がきわめてとぼしいことが興味をひく。これは、「俳句の国際化」はみられても「短歌の国際化」がみられないことと軌を一にするものであるが、こうした〝外国語の壁〟をこえやすいか否かという点にも、「短歌」と「俳句」の差が、たんに量的なものではなく、むしろ質的・発想的なものであることが、端的に表れているといえるだろう。

さらに、この点と関連して視野を広げれば、日本詩歌の主要定型としての「短歌」「俳句」の漢訳には、どのような漢語定型訳がふさわしいのか、逆に、中国詩歌の主要定型としての「五言詩」「七言詩」の日訳には、どのような日語定型訳がふさわしいのか……。(7) 漢字詩歌を媒介とした日中間の交流には、新鮮な論点が数多くみられて興味は尽きない。

最後に、俳句の原リズムを最も正確に生かした「漢訳」例と、詩人・詩論家としても知られる林林氏の「漢俳」の作例とを、一首ずつ挙げておきたい。漢字詩歌による日中交流の、新たなる証《あかし》として位置づけられよう。

古池や　古池塘《クーチータン》
蛙《かはず》飛《とび》こむ　青蛙跳入《チンワーティアオルー》
水のをと　水声響《ショエションシアン》

（訳者未詳）

惜時不遇春◎（韻字）　惜しむらくは時に春に遇《あ》わず
不見満天爛漫雲◎　満天爛漫《らんまん》の雲を見ず
無酒杏花村◎(8)　酒無くして杏《きょう》花《か》の村

（林林『剪雲《せんうん》集』「杏花村」、北京大学出版社、一九九五年）

注

（1）「藤原宇合集、二巻。見系図」（市川寛斎『日本詩紀』別集「詩家書目」）。

（2）「遂有銜悲藻両巻、今伝於世」（『懐風藻』石上乙麻呂伝）。

（3）『白氏文《ぶん》集』と読むべき理由については、「ふみは『文集《ぶんしふ》』『文選《もんぜん》』――古典の読みぐせ」（『「万葉集」という名の双関語《かけことば》――日中詩学ノート』大修館書店、所収）を参照されたい。

（4）この点については、「言語時空における〝発音の可能性〟と〝リズムの不変性〟――古典と現代をつなぐもの」（『リズムの美学――日中詩歌論』明治書院、所収。中国語版『節奏的美学』石観海・趙徳玉・頼幸訳、遼寧大学出版社）を参照されたい。

（5）参照：「訓読漢詩の浸透力」（注3 所掲書、所収）。
（6）参照：「俳句の切字と漢俳の押韻——俳句国際化の一側面」（注3 所掲書、所収）。
（7）「リズム論から見た〝中国古典詩〟と〝和歌・俳句〟」（『中国詩歌原論——比較詩学の主題に即して』大修館書店、所収。中国語版『中国詩歌原理』孫昌武・鄭天剛訳、遼寧教育出版社）。
（8）原本では「村」を「春」とするが、詩題および第一句末との関係で、誤植と判断して改めた。

あとがき

この「漢字という文明」の監修（『国際交流』一九九八年七八号）に当たったいきさつは、もう十分には思い出せない。国際交流基金の事業の一つの北京日本学研究センターの協力委員会にあずかって久しいので、こんな相談を受けたのだろう、と漠然と思っていた。そのうえ、漢字で表記されるところの日本語漢字語と中国語漢語（hànyǔ）との関わり合いを、「漢字」の辞書でどう記述するか、辞典編集に長年にわたって悩んでいたから、こんな構成内容になったのだと思う。

去年の秋に、この特集を一冊の単行本にする企画が示され、正直いって困惑した。じつは執筆依頼した諸先生にたいし監修時もその後もほとんど挨拶を交わしていない。まったく失礼を決め込んでいたからだ。発刊以来、何の反応も耳に入らなかった。無責任な編集だった。それに、今の私は、漢字かな交じり方式の日本語の成立と展開という研究テーマに、気もそぞろである。

やむなく「はじめに」のように、あちこちの所説を雑用させて、責めをふさぐこととした。

漢字と言語との関係を追って、言語が聴覚記号とあわせて視覚記号からも形成されてヒトの「意識」を表現させている、という大脳生理の常識が教示された。したがって日本語表記に関して「『漢字』抑止なしは漢文訓読不備」という諸論（漢字漢文は日本語にとって負の遺産なので、漢字をなくしたほうが良いという意見）には、新たな是正と立論が求められることとなった。いよいよ本格的な日本漢字語の辞書が欲しくなった。

このたびの単行本の出版にさいしては財団法人国際文化交流推進協会（エース・ジャパン）に大変ご迷惑をかけました。

二〇〇〇年三月

戸川芳郎

川本 邦衛　かわもと・くにえ
杏林大学教授
著書：『ホー・チ・ミンの詩と日記』(朝日新聞社，1970年)，『東南アジアにおける中国のイメージと影響力』(大修館書店，1991年)，『傳記漫録刊本攷』(慶応義塾大学言語文化研究所，1998年)，『ベトナム語大辞典』(大修館書店，近刊) など

西田 龍雄　にしだ・たつお
京都大学名誉教授
著書：『西夏文字―その解読のプロセス』(紀伊国屋書店，1994年)，『西夏王国の言語と文化』(岩波書店，1997年)，『東アジア諸言語の研究　第1巻』(京都大学学術出版会，2000年) など

田中 恭子　たなか・きょうこ
南山大学総合政策学部総合政策学科教授
著書：『シンガポールの奇蹟』(中公新書，1984年)，『シンガポールの政治哲学』(訳，井村文化事業社，1988年)，『土地と権力』(名古屋大学出版会，1996年) など

高田 時雄　たかた・ときお
京都大学人文科学研究所教授
著書：『敦煌資料による中國語史の研究』(創文社，1988年)，『東洋学の系譜（欧米篇)』(大修館書店，1996年) など

松浦 友久　まつうら・ともひさ
早稲田大学文学部教授
著書：『中国詩歌原論―比較詩学の主題に即して―』(大修館書店，1986年)，『詩歌三国志』(新潮社，1998年) など

編著者紹介

〈編・著者〉

戸川 芳郎　とがわ・よしお

二松学舎大学大学院教授，東京大学名誉教授

著書：『古代中国の思想』（放送大学教育振興会，1985年），『儒教史』（共著，山川出版社，1987年）など

〈著者〉

野村 雅昭　のむら・まさあき

早稲田大学文学部教授

著書：『漢字の未来』（筑摩書房，1988年），『落語の話術』（平凡社，2000年）など

斎賀 秀夫　さいが・ひでお

東京成徳大学人文学部日本語・日本文化学科長／教授

著書：『漢字と遊ぶ―現代漢字考現学』（毎日新聞社，1978年），『漢字の賢人』（飛鳥新社，1995年）など

江森 一郎　えもり・いちろう

金沢大学教育学部・社会環境科学研究科（博士課程）教授

著書：『体罰の社会史』（新曜社，1998年），『「勉強」時代の幕開け』（平凡社，1990年）など

松岡 榮志　まつおか・えいじ

東京学芸大学教育学部教授

著書：『日本の漢字・中国の漢字』（三省堂，1995年），『漢字とコンピュータ』（大修館書店，1997年）など

伊藤 英俊　いとう・ひでとし

NECオフィスシステム システム事業本部長代理

著書：『漢字文化とコンピュータ』（中央公論社，1996年）など

マーティン・J・テュールスト　Martin J. Dürst

慶応義塾大学政策・メディア研究科助教授（W3Cプロジェクト）

インターネットの標準化，マルチリンガル化の研究に従事

梅田 博之　うめだ・ひろゆき

麗澤大学大学院言語教育研究科長／教授

著書：『韓国語の音声学的研究』（ソウル・蛍雪出版社，1983年），『スタンダードハングル講座1～5』（編著，大修館書店，1989～1991年）など

シリーズ国際交流《こくさいこうりゅう》6
漢字《かんじ》の潮流《ちょうりゅう》

2000年4月10日　1刷印刷
2000年4月15日　1刷発行

編　者　戸川芳郎《とがわよしお》
発　行　(財)国際文化交流推進協会(エース・ジャパン)
〒107-0052　東京都港区赤坂1-11-28
赤坂1丁目森ビル4階
電話　03(5562)4422
発　売　株式会社　山川出版社
代表者　野澤伸平
〒101-0047　東京都千代田区内神田1-13-13
電話　03(3293)8131(営業)　8134(編集)
http://www.yamakawa.co.jp/
振替　00120-9-43993
印刷所　株式会社　精興社
製本所　株式会社　手塚製本所
装　幀　柴永文夫+中村竜太郎
本文DTP　柴永事務所

 ISBN 4-634-47160-4

地域の世界史　全12巻

＊印は既刊

＊ 1	地域史とは何か	濱下武志／辛島　昇 編
＊ 2	地域のイメージ	辛島　昇／高山　博 編
3	地域の成り立ち	辛島　昇／高山　博 編
4	生態の地域史	川田順造／大貫良夫 編
＊ 5	移動の地域史	松本宣郎／山田勝芳 編
＊ 6	ときの地域史	佐藤次高／福井憲彦 編
＊ 7	信仰の地域史	松本宣郎／山田勝芳 編
＊ 8	生活の地域史	川田順造／石毛直道 編
＊ 9	市場の地域史	佐藤次高／岸本美緒 編
＊10	人と人の地域史	木村靖二／上田　信 編
＊11	支配の地域史	濱下武志／川北　稔 編
12	地域への展望	木村靖二／長澤栄治 編

新版 **世界各国史** 全28巻　　＊は既刊

1 日本史　宮地正人

2 朝鮮史　武田幸男

＊3 中国史　尾形 勇／岸本美緒

4 中央ユーラシア史
モンゴル・チベット・カザフスタン・トルキスタン
小松久男

＊5 東南アジア史Ⅰ—大陸部
ヴェトナム・ラオス・カンボジア・タイ・ミャンマー
石井米雄／桜井由躬雄

＊6 東南アジア史Ⅱ—島嶼部
インドネシア・フィリピン・マレーシア・シンガポール・ブルネイ
池端雪浦

7 南アジア史　辛島 昇
インド・パキスタン・バングラデシュ・ネパール・ブータン・スリランカ

8 西アジア史Ⅰ—アラブ
佐藤次高

9 西アジア史Ⅱ—イラン・トルコ
永田雄三

10 アフリカ史　川田順造
サハラ以南のアフリカ諸国

＊11 イギリス史　川北 稔
連合王国・アイルランド

12 フランス史　福井憲彦

13 ドイツ史　木村靖二

＊14 スイス・ベネルクス史
スイス・オランダ・ベルギー・ルクセンブルク
森田安一

15 イタリア史　北原 敦

16 スペイン・ポルトガル史
立石博高

17 ギリシア史　桜井万里子

＊18 バルカン史　柴 宜弘
ルーマニア・モルドヴァ・ブルガリア・マケドニア・ユーゴスラヴィア・クロアチア・ボスニア-ヘルツェゴヴィナ・アルバニア

＊19 ドナウ・ヨーロッパ史
オーストリア・ハンガリー・チェコ・スロヴァキア
南塚信吾

＊20 ポーランド・ウクライナ・バルト史
ポーランド・ウクライナ・エストニア・ラトヴィア・リトアニア・ベラルーシ
伊東孝之／井内敏夫／中井和夫

＊21 北欧史
デンマーク・ノルウェー・スウェーデン・フィンランド・アイスランド
百瀬 宏／熊野 聰／村井誠人

22 ロシア史　和田春樹

＊23 カナダ史　木村和男

＊24 アメリカ史　紀平英作

＊25 ラテン・アメリカ史Ⅰ—メキシコ・中央アメリカ・カリブ海
増田義郎／山田睦男

26 ラテン・アメリカ史Ⅱ—南アメリカ
増田義郎

27 オセアニア史
オーストラリア・ニュージーランド・太平洋諸国
山本真鳥

28 世界各国便覧

シリーズ 国際交流

四六判　本文２００～２８０頁

① 「鎖国」を見直す　永積洋子 編

「鎖国」の時代、日本は本当に国を鎖(とざ)していたのだろうか？見直しが進む鎖国の実像に迫る。

② 日本人と多文化主義

石井米雄　山内昌之 編

アイヌ民族や在日外国人の実態などを通して、日本の内なる民族問題と多民族の共存のあり方を考える。

③ 東アジア世界の地域ネットワーク

濱下武志 編

多様なネットワークを通して外部世界との結びつきを強めてきた東アジア。そこで展開された国際体系のダイナミズムと構造を解き明かす。

④ アジアのアイデンティティー

石井米雄 編

宗教も言葉も生活も異なるアジアの中で、日本人はどのようにアジアの一員であり続けるのか。アジアと日本の歴史から未来の関係を問う。

⑤ 翻訳と日本文化　芳賀 徹 編

中国や欧米から翻訳という形で新しい文化を学んできた日本人。旺盛な知識欲が生んだ「翻訳」文化を考える。

⑥ 漢字の潮流　戸川芳郎 編

中国で生まれアジアにひろがった漢字は、各国でさまざまな変遷を遂げた。コンピューター時代の今、これからの漢字文化の行方を考える。